L'OMBRE DU GÉNÉRAL

Jean-Pierre Jouyet

L'OMBRE DU GÉNÉRAL

Albin Michel

À Brigitte
Aux enfants

« Il y a des pays, en particulier le nôtre, qui sont tout le temps, on peut le dire, en état de mort subite. »

Charles de Gaulle, 14 janvier 1963.

« Il n'y a aucune chance pour que, cédant à la facilité, nous laissions s'abaisser la France. »

Charles de Gaulle, 19 avril 1963.

Avant-propos

La République qui m'a élevé, éduqué et que j'ai servie pendant quatre décennies se voulait forte, stable, souveraine, indépendante. C'était la Ve, toujours en vigueur à l'heure où j'écris ces lignes. Ce régime a longtemps figuré, pour moi, la France éternelle, comme le fit avant elle la monarchie pendant plus de mille ans. Ses institutions solides semblaient la rendre irremplaçable, invincible. Et pourtant, elle tangue !

Ce n'est pas faute, pour l'ensemble des dirigeants politiques, de se référer en permanence à son fondateur. De ce point de vue, l'ombre du Général ne cesse de grandir sur la scène politique. Ce n'est pas faute, pour les mêmes, de rêver en permanence à l'onction suprême : l'élection du président de la République au suffrage universel.

Je n'ai pas connu le Général, mais ai vécu toute ma jeunesse avec lui, si j'ose dire. Je suis né dans une famille inconditionnellement gaulliste. Mon père fut élu sous cette bannière dans l'Eure de 1958 à 1979. Mon frère Michel n'eut qu'une vocation : lui succéder.

Pour ma part, peut-être par souci de me distinguer au sein de la cellule familiale, je me suis senti davantage à gauche après 1968.

J'avais à peine quinze ans. Je suivais en direct les débats et les résultats du référendum de 1969, qui marqua le retrait du général de Gaulle, dans mon collège catholique de Saint-Adjutor à Vernon (où me succéda le futur ministre des Armées Sébastien Lecornu). Je n'eus même pas l'occasion de dire à mon père que si j'avais été en âge de voter, j'aurais déposé un bulletin « non » dans l'urne. Lorsque je lus l'immense déception sur son visage après l'annonce du résultat de ce scrutin, je sus que j'avais eu raison de garder pour moi cette inclination du moment.

À cette époque, la politique marquait la vie de tous et constituait le principal engagement des jeunes, principalement à gauche au début des années 1970. Nous manifestions contre toutes les réformes de l'Éducation nationale qui se succédaient à un rythme soutenu. J'y étais d'ailleurs encouragé par le prêtre directeur de Saint-Adjutor, qui ne souhaitait pas laisser aux lycéens du secteur public le monopole de la contestation...

Une fois étudiant à l'université de Rouen, je conciliais études et manifestations. Je participais aussi aux meetings du Parti communiste, essentiellement parce que j'admirais Roland Leroy – le numéro deux du parti derrière Georges Marchais –, ancien résistant, longtemps député de Seine-Maritime et directeur de *L'Humanité*. C'est lui qui, en 1974, me présenta François Mitterrand, en visite à Rouen dans le cadre de la campagne présidentielle.

Dans la galaxie gaulliste, je garde une tendresse particulière pour Jacques Chaban-Delmas, symbole du gaullisme social et auteur du célèbre discours de politique générale sur la « nouvelle société », un texte sans équivalent pour moi sous la Vᵉ République.

Mais il ne faisait pas bon soutenir bruyamment Jacques Chaban-Delmas dans les rues de Rouen, une ville tenue méticuleusement par Jean Lecanuet, qui en fut le maire durant vingt-cinq ans et jusqu'à son dernier souffle, en 1993. Mon enthousiasme chabaniste un peu trop extraverti à son goût me valut ma seule garde à vue jusqu'à aujourd'hui...

Ces quelques anecdotes témoignent à la fois de la prégnance de la vie politique sur le citoyen en devenir que j'étais et de mon pragmatisme « idéologique », de Roland Leroy à Jacques Chaban-Delmas.

Sans m'appesantir sur mon passage à l'ENA, ma rencontre avec François Hollande, dans la promotion Voltaire qui fut la plus politique de l'histoire de cette école, a accentué mon inclination pour la chose publique.

Au cours de ma carrière, grâce au hasard des rencontres, j'ai donc servi cinq présidents de la République (Mitterrand, Chirac, Sarkozy, Hollande, Macron). Une expérience riche, diverse, exaltante à plus d'un titre.

Au terme de ce parcours, je ne peux que me désoler du rétrécissement que connaît notre pays. La fonction présidentielle avait résisté à tout, aux cohabitations, aux graves maladies de leur titulaire, aux réformes institutionnelles pas toujours bien inspirées. D'où vient, alors, ce sentiment partagé qu'elle n'a cessé de perdre son prestige, de se défaire progressivement des atours de sa toute-puissance ? Provient-il d'un individualisme galopant, renforcé par la fulgurante émergence des réseaux sociaux ? D'un manque de réponses concrètes apportées aux difficultés quotidiennes des Français ? Du sentiment que notre pays est indexé sur un monde sans contrôle et plus dangereux que jamais depuis 1945 ?

Découle-t-il d'une défiance sans cesse accrue de nos concitoyens envers une classe politique jugée déconnectée des enjeux, distante, privilégiée et beaucoup trop parisienne ? Du soupçon que nos présidents vivent entourés d'une cour dans laquelle seuls les plus aisés sont devenus les nouveaux féodaux ?

Résulte-t-il du « ras-le-bol fiscal » généralisé ? De la conviction partagée par beaucoup que les plus hauts responsables politiques ont abandonné leur pouvoir à des administrations « enquiquinantes » parce que ivres de normes et de bureaucratie ?

Condamne-t-on, avec ce désamour généralisé, la présumée passivité des présidents face à la perte d'influence de la France dans une Europe trop souvent méconnue ? Qui connaît, par exemple, dans l'Hexagone, le fonctionnement du Parlement européen ? Pas même l'écrasante majorité des députés qui siègent à l'Assemblée nationale ! Qui incrimine-t-on pour les effets de cette attrition dans un monde dominé par les États-Unis, la Chine, bientôt l'Inde, dans une époque caractérisée par une guerre des civilisations ?

Pourquoi accepter d'obéir à des injonctions économiques, sociales, environnementales, juridiques, alors que l'on constate dans le même temps la faillite des finances publiques ?

Est-ce un début d'explication ? En tout cas, j'ai vu, de l'intérieur, au fil des ans, le rapport de force s'inverser entre la haute administration et le pouvoir exécutif, entre les serviteurs de l'État et l'Élysée. J'ai vu le prestige du président s'amenuiser à mesure que son exposition médiatique, sa « peopolisation », augmentait. L'image du président Macron, déguisé en Tom Cruise façon *Top Gun*, blouson d'aviateur, casquette de pilote et lunettes noires, déambulant dans les rues du Touquet l'après-midi du premier tour des élections législatives de 2024, est de ce point de vue édifiante.

Je me souviens aussi comment, lorsque j'étais secrétaire général de l'Élysée, le président Hollande m'avait annoncé qu'il renonçait à se présenter pour un second mandat, principalement à cause des confidences qu'il avait faites à plusieurs journalistes et qui avaient été transformées en livres à grand tirage et à sensation.

Toutefois, cela est anecdotique comparé aux raisons profondes de ce grand rétrécissement. Rétrécissement de la fonction présidentielle, rétrécissement de la confiance d'une frange grandissante de Français envers le personnel politique, rétrécissement des marges de manœuvre économiques et financières du pays, rétrécissement de la concorde entre le « pays réel » et les élites parisiennes, rétrécissement des services publics, rétrécissement de l'écoute du chef de l'État envers ses « chers compatriotes », rétrécissement de l'horizon des possibles pour les classes moyennes… Rétrécissement de la vision de long terme, la « *big picture* » comme disent les Anglo-Saxons, essentielle pour prendre en main le destin du pays.

Pour présider, il est indispensable de bâtir des projets comportant un calendrier minutieux. Tel celui mis en œuvre par Jacques Delors avec le marché unique consacré en 1992, puis avec la monnaie unique en 1999. Delors déléguait beaucoup mais il savait où il allait. Petit à petit, les chefs d'État ont fait l'inverse : vision à très court terme, implication personnelle maximale sans résultat tangible. Tout se passe comme si, au fil des ans, le président prétendait tout faire pour finalement ne rien faire.

Cela ne date pas d'hier, mais cela ne s'est pas arrangé, et surtout les Français perçoivent de mieux en mieux cette forme d'indolence autocratique et ne peuvent que s'en indigner.

Au début du second septennat de François Mitterrand, je suis directeur de cabinet du ministre de l'Industrie, Roger Fauroux, et je suis de près le choix de Bure, dans la Meuse, pour l'enfouissement des déchets nucléaires. C'est donc avec stupéfaction qu'en 2017 j'entends Sébastien Lecornu, jeune secrétaire d'État auprès du ministre de la Transition écologique et solidaire, annoncer que le centre de Bure, décidé et voté en 1990, serait opérationnel, si tout se passe bien, en 2035. La ligne express entre le centre de Paris et l'aéroport Roissy-Charles-de-Gaulle ? Elle a été actée en 2000 quand je suis devenu directeur du Trésor. C'est un des premiers dossiers que j'ai trouvés sur mon bureau. Son ouverture est désormais prévue, dans le meilleur des cas, en 2027. Le démantèlement de la centrale nucléaire de Creys-Malville, décidé en 1997, n'est toujours pas terminé. Et je ne parle même pas de la saga de l'EPR, à Flamanville, que la France entière suit avec perplexité.

Pourquoi un tel délitement de la décision politique, dans un pays pourtant suradministré ?

Les différents présidents que j'ai côtoyés avaient tous d'indéniables qualités, mais aucun ne pouvait ou ne peut prétendre égaler la stature du grand homme. Question de légitimité historique, question de personnalité, question d'époque aussi.

Alors, quel constat ? Le Général leur fait de l'ombre ? Il ne tient qu'à eux de s'émanciper, d'être eux-mêmes. Sur ce plan, c'est peut-être François Hollande qui est allé le plus loin en prétendant être « normal ». Mais peut-on le rester quand on est projeté dans une fonction dotée de pouvoirs aussi considérables ? Entouré d'une déférence et d'un protocole uniques, en tout cas en Europe ? Pressé, chaque jour, de désigner en son palais tel ou tel responsable d'une grande administration ? La question qui suit s'impose : mais pour quels résultats ?

Nous aurions pu croire et espérer qu'avec l'arrivée du monde moderne, des nouvelles technologies, surtout dans le domaine de la communication, avec la plus grande fréquence des alternances politiques de droite ou de gauche, avec l'intégration européenne plus forte depuis l'an 2000 (monnaie unique), avec une démographie moins élevée que pendant le baby-boom, la personnalisation du pouvoir aurait diminué et que les visions à moyen et long terme auraient été plus claires pour la France.

Or, il n'en a rien été, bien au contraire. Jamais le pouvoir n'a été à la fois aussi personnel et aussi vain. Jamais les entourages n'ont été aussi courtisans et aussi divisés en chapelles rivales.

Ce que j'ai vu, c'est combien tous les présidents que j'ai côtoyés se sont employés ou s'emploient encore à diviser pour régner, à encourager intrigues et coteries pour rester maîtres du jeu. Sarkozy se délectait de la compétition Fillon-Borloo. Hollande ne détestait pas voir Montebourg et Moscovici, puis Macron et Valls, rivaliser. Ces jeux de pouvoir seraient risibles s'il ne s'agissait pas du destin de la France.

L'autre particularité de la monarchie présidentielle réside dans l'importance prise par les nominations. Dans aucun autre pays un chef d'État ne passe autant de temps à procéder personnellement à autant de nominations. Je le sais puisque toutes, à l'exception du domaine militaire, de l'éducation et de la santé, passaient par moi quand j'étais à l'Élysée. Pour ne rien arranger, jamais le temps et le rythme de décision – y compris pour nommer un Premier ministre ou composer un gouvernement – n'a été aussi long. Jamais décisions n'ont été autant prises à court terme ou dans l'immédiateté. Quel paradoxe !

Si la barre n'est pas rapidement redressée, la Ve République aura vécu. Ce régime si solide risque de succomber sous le poids des petits calculs politiciens, de l'impuissance à conduire des réformes, de la médiocrité générale d'une classe politique que fuient désormais les meilleurs, à de rares exceptions près.

Je suis né sous la IVe République, réputée faible et instable à plus d'un titre. Elle a toutefois été incarnée par des dirigeants politiques d'une grande valeur et d'une rare subtilité, à commencer par l'exceptionnel Pierre Mendès France. Nous connaissons actuellement l'évolution inverse.

Avant-propos

Malgré les pouvoirs étendus dont sont dotés l'exécutif en général et le chef de l'État en particulier, nous sommes les témoins d'une impuissance difficilement justifiable. Comme citoyens, nous nous trouvons réduits à critiquer ou à ignorer.

Pour en sortir, il faut d'abord tenter de comprendre comment nous en sommes arrivés là.

1.

1962-2024 : d'une dissolution à l'autre

Par sa personnalité et bien sûr sa dimension historique exceptionnelle, le Général incarnait la France éternelle. À ses yeux comme à ceux de ses concitoyens. On a du mal à l'imaginer aujourd'hui, mais la vérité, c'est que tout ne remontait pas jusqu'à lui : il ne s'abaissait pas à tergiverser des jours, voire des semaines, pour nommer un directeur d'institut culturel ou un ambassadeur. Il ne s'enferrait pas dans les détails et avait institué un véritable régime présidentiel, autrement dit un régime dans lequel le président préside… et le gouvernement gouverne.

Il avait « rationalisé » le Parlement avec Michel Debré, mais il avait vécu une motion de censure contre Georges Pompidou en 1962, quand il souhaitait, contre l'avis de tous les partis ou presque, instaurer l'élection du chef de l'État au suffrage universel direct. Ce fut, jusqu'à la chute du gouvernement Barnier le 4 décembre 2024, la seule et unique motion de censure adoptée sous la Vᵉ République[1], suivie par une dissolution. Mais une dissolution gagnante, puisque la

1. Par 280 voix sur 480.

Chambre dont accouchent les élections législatives anticipées, en novembre 1962, accueille une majorité absolue de députés gaullistes. Le chef de l'État renomme immédiatement Georges Pompidou à Matignon. Fin de l'épisode, qui pourrait s'intituler pour les oppositions « les arroseurs arrosés » et qui laisse pendant longtemps un cuisant souvenir dans la mémoire des responsables politiques comme des hauts fonctionnaires…

Toutefois, il est à noter que de Gaulle, quand il prononce la dissolution, ne craint pas l'échec, si l'on en croit les confidences faites à Alain Peyrefitte[1], auquel il indiquera plus tard qu'il était prêt à vivre une cohabitation, ne serait-ce que pour voir comment la Constitution de 1958 fonctionnait vraiment ! Ce qui est extraordinaire, c'est que son lointain successeur avait manifestement ce précédent historique en tête lorsqu'il a, dans le plus grand secret, pris la décision la plus hasardeuse de son mandat : la dissolution de l'été 2024. À cet instant, le règne d'Emmanuel Macron bascule. Le résultat ? Une bérézina ! Le pouvoir lui échappe, passant à l'Assemblée où une sorte de IVe République amendée renaît – hélas ! – de ses cendres. Deux gouvernements, ceux de Michel Barnier et de François Bayrou, réussissent mal à survivre au jour le jour. En mars 2025, la crise provoquée par Trump est une aubaine. Le président remet sa toge d'empereur romain et donne la réplique à Poutine, gagnant au passage sept points de popularité.

La gestion du temps, de ce point de vue, est essentielle.

---

1. Alain Peyrefitte, *C'était de Gaulle*, éditions de Fallois/Fayard, 1994.

Le Général considérait que le président élu pour sept ans permettait d'assurer la continuité de la France à moyen et long terme, en préservant la souveraineté et l'indépendance nationales, et en garantissant l'influence diplomatique et militaire du pays, un point, c'est tout. Cette stratégie reposait sur la longévité de ses principaux ministres. Georges Pompidou est resté à Matignon pendant six ans, avant d'être remercié pour sa vision jugée par l'Élysée trop libérale et trop sociale lors de la crise de 1968. Maurice Couve de Murville et Pierre Messmer, respectivement ministres des Affaires étrangères et de la Défense, ont occupé les mêmes et prestigieux postes une décennie durant. Preuve que même dans le « domaine réservé », de Gaulle savait déléguer sa confiance. En un an et demi, d'octobre 2024 à mai 2025, Emmanuel Macron a dû changer trois ministres importants (de la Justice, de l'Éducation nationale et des Finances). De quoi donner le tournis…

Bien loin de confisquer tous les pouvoirs et de décider dans la solitude de son bureau, de Gaulle écoutait. Il lui arrivait même de se ranger à l'avis de son Premier ministre sur les sujets les plus sensibles. Ainsi est-ce Georges Pompidou qui le convainc de gracier le général Jouhaud, condamné à mort par la cour militaire de justice – après ce qu'on appela le « putsch d'Alger » –, et de commuer sa peine en réclusion à perpétuité. Une décision prise, d'ailleurs, au lendemain des législatives provoquées par la dissolution du 9 octobre 1962, dont le résultat avait vu disparaître de l'hémicycle la plupart des soutiens à l'activisme violent en faveur de l'Algérie française.

De même respectait-il les équilibres parlementaires, avec durant dix ans les mêmes interlocuteurs à la présidence des deux chambres : Jacques Chaban-Delmas à l'Assemblée nationale et son opposant Gaston Monnerville au Sénat, où les gaullistes se trouvaient minoritaires… d'où le référendum de 1969 qui prévoyait entre autres la suppression du Sénat et dont le résultat négatif précipita le départ du Général.

De fait, plus que de concentrer tous les pouvoirs, de Gaulle souhaitait avant tout maintenir, et au besoin renforcer, son lien direct avec les Français.

Trop jeune pour avoir eu le privilège exceptionnel de l'avoir rencontré, je me souviens que mon père, élu gaulliste de l'Eure, suivait tous ses déplacements, particulièrement en Normandie. Petits, nous, ses enfants, étions mis d'autorité devant le poste de télévision pour voir tout le peloton du Tour de France, y compris le maillot jaune (Gastone Nencini), s'arrêter pour saluer le président à Colombey-les-Deux-Églises. Chacune des interventions de celui-ci devait être suivie quasi religieusement en famille, chaque geste symbolique, tel le renvoi de ses mains d'un ballon arrivé dans la tribune présidentielle lors d'une finale de la Coupe de France de football, le faisait vivre à nos côtés.

Le pragmatisme est aussi une constante dans la vie politique du Général, y compris en matière institutionnelle. En 1946, dans son discours de Bayeux, il se dit favorable à la proportionnelle pour les élections à venir, de peur de voir les communistes l'emporter au scrutin majoritaire. Douze ans plus tard au contraire, en 1958, il recourt à ce dernier car il est assuré, cette fois, qu'il apportera la victoire à son parti, l'UNR (Union pour la nouvelle République). Pari gagnant !

Plus de cinquante ans après sa disparition, de Gaulle demeure donc partout. Il n'est pas une autorité politique, quelle que soit sa sensibilité, qui ne se réfère à lui. Même Jean-Luc Mélenchon revendiquait en 2020 une partie de l'héritage dans une interview à la *Revue politique et parlementaire*[1] consacrée au Général, à l'occasion du triple anniversaire de l'appel du 18 juin, de la naissance et de la mort de celui-ci : « Être insoumis, c'est refuser d'être dominé à titre individuel et collectif, quelles que soient les circonstances. En ce sens, on peut dire que le de Gaulle de la Seconde Guerre mondiale s'est comporté comme un insoumis. Il nous fournit même un exemple vertigineux [...]. Son obsession pour l'indépendance, y compris contre des forces apparemment tellement puissantes, est une forme d'insoumission héroïque qui doit servir de modèle. » Il s'efforçait même de tirer la couverture gaullienne à lui et à lui seul : « De Gaulle n'a jamais adhéré à l'idée de la main invisible du marché. Le libéralisme est un produit d'importation en France. À l'heure actuelle la politique des insoumis est plus proche de la pratique gaulliste sur ces questions que des gens qui se réclament du Général. »

À l'autre bout du spectre politique, c'est la même tentative d'identification. Le Front national a été fondé par une poignée de nostalgiques de Vichy, quelques anciens de la Waffen-SS et des partisans de l'Algérie française prêts à tout pour en découdre avec l'auteur de l'appel du 18 juin. Dans ses mémoires, Jean-Marie

1. « De Gaulle s'est comporté comme un insoumis durant la Seconde Guerre mondiale », *Revue politique et parlementaire* n° 1094-1095, juin 2020.

Le Pen écrit encore en 2019 que de Gaulle « reste une horrible source de souffrance pour la France ». Toutefois, sa fille Marine y va, quasiment au même moment, de sa génuflexion devant la figure du grand homme. Dans le numéro de la *Revue politique et parlementaire* de juin 2020, elle fait allégeance avec prudence : « Avec le temps, les controverses sont apaisées. Les remous qui sont le propre des temps tourmentés et des impératifs de la raison d'État n'ont contrarié ni la direction ni la puissance du fleuve. L'Histoire a tranché. L'homme appartient à notre histoire nationale et son héritage appartient à tous les enfants de France et en ces périodes de doutes, doit les inspirer[1]. »

Les controverses appartiennent-elles vraiment au seul passé ? L'héritière du Front national veut croire que oui. Et ne fait pas dans la demi-mesure : « Les patriotes voient l'épopée chevaleresque d'un insoumis impénitent, qui cloua le cercueil de deux républiques défaillantes et redonna à la France le goût de la grandeur [...]. Deux mots qu'il aimait utiliser, parce qu'ils sont le secret de la vie, résument son existence et son action : l'ordre et le mouvement. La France qui entre dans le IIIe millénaire avec les hésitations d'une puissance déclinante peut puiser dans l'œuvre une sorte de discours de la méthode politique. Il serait urgent au pays de s'inspirer de l'homme et de sa vision. »

Et entre les deux extrêmes, la révérence à Charles de Gaulle est une telle évidence qu'il est inutile d'en détailler les modalités.

1. Marine Le Pen, « De Gaulle, l'ordre et le mouvement », *Revue politique et parlementaire* n° 1094-1095, juin 2020.

2.

Avec le temps, tout remonte à l'Élysée...

J'ai découvert le palais de la présidence lorsque j'ai été nommé secrétaire général de l'Élysée et j'ai aimé l'ambiance très particulière de ce qui est aussi, paradoxalement, une maison. Cette maison était entièrement au service de l'homme qui m'avait accordé sa confiance, François Hollande, et qui était à ce moment-là à la moitié de son mandat. Il suscitait beaucoup d'énergie chez les uns et les autres mais aussi parfois des tensions.

Tous les samedis matin avait lieu une réunion de communication en présence du président. L'un des participants, consultant politique, passait son temps à démolir le Premier ministre Manuel Valls. Il y mettait une telle constance que nous en étions presque mal à l'aise. Jusqu'à ce jour de l'été 2016 où il est officiellement passé avec armes et bagages dans l'équipe d'Emmanuel Macron, qu'il conseillait en secret depuis au moins un an. Était-il une sorte d'infiltré, un agent double chargé de dire le plus de mal possible de Valls, l'ennemi juré de Macron, ou laissait-il parler une antipathie naturelle ? Je ne le saurai jamais.

Pas question, en revanche, de s'exprimer sur le fond lors des réunions de cabinet. Chacun s'en tient à des questions d'agenda, d'ordre du jour, de logistique gouvernementale, mais personne parmi les conseillers ne veut prendre le risque de déplaire. Dans mon souvenir, seul Gérard Le Gall, le conseiller politique de Lionel Jospin, osait aborder les sujets qui fâchent en réunion de cabinet. Et encore ! Le Premier ministre en personne n'y assistait pas. Pour ma part, je n'ai qu'une seule fois apporté une contradiction frontale au président Hollande. C'était au moment de la déchéance de nationalité. Je suis allé le voir avec mon adjoint de l'époque, Boris Vallaud, pour lui dire à quel point cette idée n'était pas bonne. Une audace très ponctuelle et qui est de plus en plus exceptionnelle par les temps qui courent…

Juste avant l'avènement de cette Ve République née dans la fureur politique, un jeune et brillant inspecteur des finances faisait alors ses premières armes comme député du Puy-de-Dôme. Élu pour la première fois à l'Assemblée nationale à l'issue des élections législatives anticipées de janvier 1956 consécutives à la dissolution prononcée par Edgar Faure, Valéry Giscard d'Estaing est un protégé du modéré le plus en vue du moment, Antoine Pinay. C'est grâce à ce dernier qu'il entre au gouvernement comme secrétaire d'État aux Finances en janvier 1959, à l'âge de trente-deux ans. Pinay est le grand argentier du pays, mais il sait à l'évidence lui aussi déléguer, en l'occurrence à son poulain, comme le raconte avec malice Philippe de Gaulle : « Mon père savait gré à Giscard de l'avoir aidé à remettre les finances à flot en dix-huit mois après son retour au pouvoir. En réalité, soulignait-il, ce n'était pas le bon M. Pinay qui travaillait le plus, mais son secrétaire d'État, Valéry Giscard d'Estaing. Pinay venait au conseil des ministres avec son chapeau, poussait des grognements quand je l'interrogeais, puis remettait son chapeau et s'en allait en poussant des grognements. Et Giscard d'Estaing faisait tout le boulot derrière lui. Je n'ai jamais eu de meilleur grand argentier que lui[1]. »

Trois ans plus tard, VGE devient à trente-cinq ans ministre des Finances et des Affaires économiques dans le gouvernement de Michel Debré. Un graal qu'il conservera jusqu'en 1974, à l'exception d'une interruption de trois ans, due à la volonté de Michel Debré de revenir au gouvernement comme ministre des Finances, en 1966, juste après la réélection plus serrée que prévu du Général. Giscard retourne alors à la vie parlementaire mais réfute toute fâcherie avec le président de la République. Dont il raconte ainsi la fin de règne : « En 1969, de Gaulle voulait retrouver un signe fort de confiance de l'opinion publique française. Il pensait qu'en 1968 son camp avait gagné, mais c'était plus Pompidou que lui et il voulait qu'en 1969 ce soit lui-même qui, d'une façon très visible et très catégorique, retrouve la confiance et le soutien de la majorité du peuple français. Il a donc accepté l'idée d'un référendum pour le printemps 1969[2] [...]. » Un

---

1. Philippe de Gaulle, *De Gaulle, mon père*, Entretiens avec Michel Tauriac, Plon, 2003.

2. Valéry Giscard d'Estaing, « La référence au général de Gaulle peut avoir un sens historique », *Revue politique et parlementaire* n° 1094-1095, juin 2020.

récit qui indique une forme de narcissisme blessé de la part du Général.

Mais VGE trouve l'entreprise très hasardeuse, et veut en avertir celui-ci : « J'ai demandé à aller voir le général de Gaulle, mais le secrétaire général de l'Élysée, Bernard Tricot, qui était très obstiné, refusait de me donner un rendez-vous. Finalement je l'ai obtenu trois semaines avant le référendum. Je lui ai dit que ce référendum m'inquiétait car c'était une forme politique que les Français n'aimaient pas et que très souvent ils répondaient non. Qu'il y avait un danger lorsqu'il ne portait pas sur un sujet très populaire et évident. »

On connaît la suite. Giscard revient aux affaires et y est encore en 1974, lorsque la mort de Georges Pompidou précipite alors sa candidature à la présidence. Son alliance de circonstance avec Jacques Chirac, jeune et éphémère ministre de l'Intérieur de la fin du règne pompidolien, est fort mal perçue par les barons du gaullisme.

Il gagne donc et retient une leçon de son glorieux prédécesseur : ne pas concentrer tous les pouvoirs. Il y est d'ailleurs obligé par la fronde que mène très vite son Premier ministre, démissionnaire en 1976 pour garantir son indépendance et fonder le RPR (Rassemblement pour la République). Jacques Chirac qui va jusqu'à ne pas voter le budget 1980 de son successeur Raymond Barre, et qui se présente contre le président sortant à la présidentielle de 1981.

Le monde selon Giscard

Valéry Giscard d'Estaing est le premier président que j'ai servi alors que Maurice Papon était ministre du Budget et signait ma carte d'inspecteur des finances ! Mais c'est un peu auparavant, lors des élections législatives de 1978, que VGE est entré dans ma vie. Stagiaire de l'ENA à Lille, je participais en effet à l'organisation de ce scrutin très incertain. Mais tout a été éclipsé pour moi lorsque le directeur de cabinet du préfet m'a convoqué à la préfecture. Pour me réprimander ? Pas du tout. Il tenait à m'annoncer en personne la mort de Claude François, ce qu'il a accompagné de ce juste commentaire : « Voilà la vraie nouvelle du week-end ! » Depuis, VGE demeure associé à Claude François dans ma mémoire.

Je le rencontre pour la première fois alors qu'il a quitté l'Élysée depuis longtemps. En 2007, je suis secrétaire d'État aux Affaires européennes. Il me reçoit dans son hôtel particulier du XVIe arrondissement après, me dit-on, avoir espéré de Nicolas Sarkozy sa nomination comme ministre d'État de l'Europe et des Affaires étrangères.

La question qu'il me pose d'emblée est surprenante. Il me demande, intrigué, de lui confirmer que je suis entré à l'inspection des Finances au tour extérieur, c'est-à-dire par la magie d'un coup de pouce politique, et non grâce à mon rang de sortie à l'ENA. Je le détrompe et constate son étonnement. Il me considérait comme proche de la gauche en raison, je pense, de mon appartenance au cabinet de Lionel

Jospin à Matignon et peut-être de mon amitié notoire avec François Hollande. Et considérait qu'un tel profil ne pouvait avoir été admis à l'inspection des Finances que par le truchement d'une faveur politique.

Il commente ensuite mon expérience européenne, notamment mes années passées à la tête de la Commission aux côtés de Jacques Delors, avec une certaine distance, estimant qu'on avait beaucoup trop encensé ce dernier alors que c'était lui, Giscard, qui avait porté l'Europe vers l'union économique et monétaire. Lui encore qui avait esquissé une Constitution européenne, hélas rejetée en France lors du référendum de 2005.

Certes il défend alors avec justesse un bilan européen incontestable, domaine où, selon moi, il a exercé l'influence la plus durable quand il a été président.

Je le revois ensuite à quelques reprises dans des dîners amicaux, et suis toujours très admiratif de son exceptionnelle intelligence, de son humour distant, de son élégance extrême, et de son pouvoir de séduction auprès des jeunes femmes, fût-ce en présence de son épouse Anne-Aymone.

Toutefois, son rapport à la mémoire du Général est resté à tout jamais marqué par la trahison – c'est du moins ainsi qu'il voyait les choses – de ceux qui se réclamaient du gaullisme lors de la présidentielle de 1981. « Quelques dirigeants issus du milieu gaulliste, qui n'étaient pas gaullistes en pensée mais par opportunité, tels que Jacques Chirac ou Charles Pasqua, ont travaillé dans l'ombre pour faire élire Mitterrand, c'est-à-dire celui dont le général de Gaulle ne voulait à aucun prix », accusera-t-il plus tard. « Comme vous le savez, le général de Gaulle avait une aversion profonde pour Mitterrand comme il l'a montré en 1969. Il était prêt à tout faire pour l'empêcher d'arriver au pouvoir », ajoutera-t-il. « Cette aversion était profonde et il l'a exprimée par des mots très durs en qualifiant François Mitterrand d'adjectifs extrêmement sévères. Mais surtout il s'était trouvé en conflit avec Mitterrand lors de la première élection présidentielle puisque celui-ci n'a pas hésité à chercher le soutien communiste dans sa démarche contre de Gaulle. »

Les mots étaient rudes mais les enjeux, de mon point de vue, le justifiaient.

3.

Du *Coup d'État permanent* au costume du Général

De Gaulle nourrissait donc, selon les mots de Valéry Giscard d'Estaing, une « aversion profonde » envers Mitterrand, lequel n'avait pas de mots assez durs pour celui qui était son adversaire de toujours. Le sommet de cette détestation se manifeste dans le livre le plus célèbre du premier président socialiste de la Ve République, *Le Coup d'État permanent.* L'auteur y compare le Général à « un Louis-Napoléon Bonaparte qu'habiteraient les vertus bourgeoises d'un Louis-Philippe Ier », ce qui n'est guère flatteur. Il écrit aussi ces mots, quand on sait d'où il vient, hallucinants : « Pétain, de Gaulle, Vichy, la Ve République. Tout oppose et tout rapproche ces hommes, ces régimes. » Il s'en prend aux « origines factieuses » de la Ve République, à sa dimension monarchique, avant de s'y glisser avec une visible satisfaction.

Les préfaciers de la plus récente réédition de ce célèbre texte, les historiens Jean-Michel Guieu et Georges Saunier, l'affirment avec force : « Jamais François Mitterrand n'en renia une ligne, lui qui encore, à la fin de sa vie politique, continuait de s'interroger sur l'équilibre de nos institutions : “Un président de la République française, même sous la Ve République, a toujours beaucoup moins de pouvoir que vous ne l'imaginez ; d'autre part, il en a plus que n'en ont la plupart des chefs d'États démocratiques. Comment allier ces contraires ?" »

Comment allier, de la même manière, une critique aussi virulente des institutions et une détermination à s'en servir sans chercher le moins du monde à en modifier les contours ? C'est à la fois l'habileté et la complexité de celui qui reçut la francisque des mains du maréchal Pétain, qui permettent de répondre à cette interrogation.

En tout cas, François Mitterrand revêt avec une allégresse visible, le 10 mai 1981, le costume de l'homme du 18 juin. Il lui fait honneur dans la mesure où il conserve à la fonction toute sa dignité, et même tout son faste. Peu regardant sur la doctrine politique, il sait s'adapter aux réalités et entendre Jacques Delors comme Pierre Mauroy quand les deux hommes, respectivement ministre de l'Économie et des Finances et Premier ministre, le convainquent en 1983, après une deuxième dévaluation du franc, de prendre le tournant de la rigueur pour ne pas ruiner l'économie française.

C'est dans cette nouvelle phase que je découvre les cabinets ministériels en 1984. J'intègre celui de Jacques Delors au Louvre-Rivoli, où se trouve alors le ministère de l'Économie et des Finances. Le travail y est très collectif et l'ambiance excellente. Toutefois, l'aventure ne dure que trois mois, car Jacques Delors est choisi comme candidat français à la présidence de la Commission européenne. C'est avec Gérard Mestrallet, le futur patron de GDF-Suez devenu Engie, que je ferme les portes de ce cabinet. Nous devons expliquer à des dirigeants japonais qu'ils ne pourront pas être reçus par le ministre et qu'ils doivent retourner à Tokyo…

C'est à ce moment-là que François Mitterrand inaugure ce qu'on va appeler la « cohabitation » : le pouvoir du président, pour la première fois, recule face à celui du Parlement. L'ombre du Général se fait moins pesante. Pour ma part, je me trouve alors à la direction de la Législation fiscale qui doit coordonner avec celle du Budget la préparation des lois de finances. Avant comme pendant la cohabitation – on est en 1986 –, jamais je ne perçois l'influence directe de l'Élysée sur les options retenues car les ministres que je sers (Pierre Bérégovoy et Henri Emmanuelli, puis Édouard Balladur et Alain Juppé) dirigent fermement l'économie et les finances. Ainsi Jean-Charles Naouri, le directeur de cabinet surdiplômé de Pierre Bérégovoy, n'accepte-t-il aucune fiche de plus de cinq lignes sur les principales dispositions de la loi de finances. Il décide ensuite, seul avec le ministre, des grandes orientations.

Grâce à cette alternance, contenue par l'adoption de la proportionnelle intégrale, et à cette première cohabitation, j'apprends, philosophe, à faire et à défaire : l'impôt sur les grandes fortunes, instauré en 1982 et supprimé en 1987, ou encore l'anonymat sur l'or, abrogé en 1981 et rétabli en 1986.

Il me faut attendre 1989, quand je dirige le cabinet de Roger Fauroux, ministre de l'Industrie venu de la « société civile » et proche de Michel Rocard (en cohabitation de fait avec François Mitterrand), pour connaître la première intervention de l'Élysée. Roger Fauroux, avec l'appui de son directeur de cabinet, avait suggéré qu'il y ait une réduction de la participation publique dans Renault alors en contact avec le suédois Volvo. Il s'en ouvre dans une interview. Le conseiller industriel de François Mitterrand m'appelle alors pour s'indigner de cette déclaration… J'écoute ses reproches véhéments et je laisse passer l'orage. Mais l'Élysée insiste : c'est à ses yeux un crime de lèse-majesté et la présidence veut un coupable. Il me revient la tâche très désagréable de désigner une victime expiatoire en la personne de Jacques Audibert, conseiller en communication, qui est sommé de quitter le cabinet. La foudre est tombée de l'Élysée, dévoilant la toute-puissance présidentielle retrouvée !

J'ai aussi durant cette période eu l'occasion d'accompagner, avec Roger Fauroux, François Mitterrand dans un voyage officiel à Budapest. Je remarque qu'il n'invite pas mon ministre au dîner officiel. Une petite mesquinerie pour punir celui-ci d'être rocardien !

Mes rencontres suivantes avec François Mitterrand datent de 1991, lors des négociations sur le traité de Maastricht. Le président, très engagé dans le processus d'intégration européenne, fait une entière confiance à Jacques Delors pour conduire les discussions. Je le sais en temps réel grâce à ma grande amie Sophie-Caroline de Margerie, qui est alors conseillère Europe à l'Élysée, tandis que je travaille avec Delors à la présidence de la Commission, à Bruxelles.

Puis je revois François Mitterrand à l'Élysée toujours avec Jacques Delors en janvier 1993. Il ne se fait aucune illusion sur le résultat des élections législatives qui se dérouleront quelques mois plus tard. La défaite de la gauche est inéluctable. Il regrette cet état de fait mais se montre, comme toujours je dois dire, d'un calme olympien.

Durant cette deuxième cohabitation, Alain Juppé est ministre des Affaires étrangères. Il accompagne donc François Mitterrand lors des conseils européens à Bruxelles. J'observe combien le président de la République est attentif aux observations de ce ministre qui n'appartient pas à son camp politique.

Enfin, je suis présent quand, fin 1994, Jacques Delors se rend à l'Élysée pour annoncer qu'il ne se présentera pas à la prochaine présidentielle. François Mitterrand ne perd rien de sa sérénité ni de sa courtoisie, mais la déception marque son visage…

4.

La cour

L'Élysée n'a jamais été la cour des Miracles de l'Ancien Régime où coexistaient pauvres et malandrins jusqu'à ce que Louis XIV décide de fermer ce lieu de perdition situé au cœur de Paris. Mais beaucoup d'entre nous pensent que l'Élysée peut réaliser des miracles pour notre pays. Cette disposition d'esprit, un peu illusoire, est renforcée par l'attitude de nos concitoyens à l'égard du président lorsque celui-ci est en déplacement dans le pays. Malgré les déceptions, ils semblent croire presque religieusement au pouvoir d'une simple poignée de main ou d'un selfie. Espoir vain mais entretenu à tous les échelons de la société.

De fait, la plupart des fonctionnaires mais aussi les conseillers politiques en tout genre se voient bien travailler un temps à l'Élysée pour obtenir un avancement dans leur carrière. Ils souhaitent, par exemple, être intégrés à un grand corps de l'État au tour extérieur – cette porte dérobée qui permettait hier de contourner le passage obligatoire par l'ENA, aujourd'hui par l'INSP (Institut national du service public) qui l'a remplacée depuis 2022. Ils croient que la puissance présidentielle et l'influence du secrétaire général permettront de débloquer tout problème ou retard dans les diverses administrations.

À beaucoup le miracle élyséen apparaît sans limites. Certains viennent solliciter à mots couverts une Légion d'honneur ou une promotion à l'ordre du Mérite. J'ai même souvenir d'un homme d'affaires qui pendant deux ans n'a pas cessé de me harceler pour que le président le consacre comme grand-croix de la Légion d'honneur. Il opérait de même avec quiconque était réputé pour sa proximité avec François Hollande. Celui-ci, de guerre lasse, a fini par céder à cet assaut incessant. Il a même accepté de lui remettre en personne les prestigieux insignes.

Dans notre « royaume », l'une des seules choses qui ne rétrécit pas est la cour du monarque républicain. Celle-ci existe sous tous les présidents. François Hollande recevait ainsi avec plaisir François Pinault, au nom d'une amitié qui datait d'avant la présidence.

Il ne cachait pas non plus sa bonne entente avec Marc Ladreit de Lacharrière, énarque, entrepreneur et mécène qui invitait le président à intervenir dans la *Revue des deux mondes*, publication qui lui appartient, et dans des soirées au cours desquelles il réunissait différents patrons. Il y avait là deux tempéraments qui s'entendaient bien, tous deux bons vivants, tous deux enchantés de se retrouver dans le Midi pendant la pause estivale. Cette relation s'est encore approfondie après 2017, car on ne peut pas dire que Marc Ladreit de Lacharrière ait jamais été macroniste. Initialement, c'est la journaliste Caroline Pigozzi qui les a présentés l'un à l'autre. Elle travaillait alors à *Paris Match*, tout comme Valérie Trierweiler…

C'est par son intermédiaire que cette dernière est entrée dans le cercle hollandais.

Alain Weil, entrepreneur réputé qui a réussi dans le domaine des médias (RMC, *L'Express*...), était aussi apprécié pour son ouverture d'esprit et ses manières indépendantes envers les différents responsables politiques. Contrairement à d'autres, il ne faisait pas sa cour au président en place, qualité qui a toujours été fort appréciée par François.

Le Roi-Soleil

Ce qui me frappe, au bout du compte, c'est combien tous les présidents cherchent toujours à rencontrer les personnalités dont on parle autour d'eux et les hommes d'influence. Cette règle est vérifiée quelle que soit leur sensibilité politique et personnelle.

Ce phénomène a pris une dimension particulière depuis l'arrivée d'Emmanuel Macron à l'Élysée. Le président semble, à la différence de son prédécesseur, vouloir montrer qu'il est au centre de la cour, tel le Roi-Soleil. Les déconvenues politiques qu'il a rencontrées au fil du temps et des crises ne changent rien à l'affaire. Il organise donc en son palais, le plus souvent pour des dîners, la venue d'un grand nombre de personnalités politiques, économiques et culturelles. François Hollande sortait beaucoup mais ne raffolait pas de dîner de têtes à l'Élysée. En tout cas, je n'ai participé à aucun d'entre eux, à l'exception bien entendu des « figures imposées » comme les dîners d'État.

En revanche, le palais de l'Élysée ne suffit pas à Emmanuel Macron, qui éblouit aussi de temps à autre au château de Versailles une cour internationale, composée notamment d'entrepreneurs étrangers. Le président semble vouloir être considéré comme l'étoile centrale de l'économie mondiale. Celui – le seul ? – qui comprend les vrais enjeux. On l'a bien vu lorsqu'il a réagi de façon critique à l'offensive protectionniste décidée en quelques jours par Donald Trump à peine élu.

Mais ce qui lui importe peut-être plus encore est la reconnaissance que peut lui apporter le monde culturel au sens large, de Michel Houellebecq à Catherine Frot, en passant par Fabrice Luchini.

Notre président aime aussi beaucoup les séances de remise de décorations, qui permettent de convier le grand monde à l'Élysée. C'est en ces occasions que j'ai revu de temps à autre celui qui avait été l'un de mes jeunes « camarades » – c'est le terme utilisé – à l'inspection des Finances, lors des cérémonies organisées pour Jean-Yves Le Drian, Jean-Pierre Raffarin, l'industriel Laurent Burelle, le banquier Samir Assaf, le diplomate Bernard Émié, ancien patron de la DGSE, et quelques autres. Le paradoxe ? L'inflation des remises de décorations est inversement proportionnelle au rétrécissement de la fonction présidentielle. Plus celle-ci perd de sa puissance, plus celui qui l'incarne remplace l'autorité par le faste. Nombre de chefs d'entreprise ont ainsi été élevés au rang de grand-croix, la distinction suprême de l'ordre de la Légion d'honneur. C'est très certainement mérité, mais cette inclination du monarque républicain est plus qu'anecdotique.

Ces distinctions sont aussi, il faut le dire, des récompenses destinées à être bien considéré partout, à avoir des obligés dans tous les milieux. C'est une sorte d'ultime recours quand toutes les autres faveurs – postes, exemptions fiscales, avantages liés à une profession… – ont déjà été distribuées.

Dans toutes ces cérémonies, Emmanuel Macron est toujours accompagné de son épouse. Quelles que soient les circonstances, il se montre empathique avec chacun, fait preuve d'humour, embrasse beaucoup et apprécie de connaître des visages nouveaux.

C'est même un trait de caractère qui façonne la composition de la cour. Un personnage inattendu a réussi à y entrer, presque par effraction, et à établir une forte relation avec le président. Il s'agit de Pierre Charon, ex-sénateur de Paris et surtout ex-conseiller de Nicolas Sarkozy, qu'il se chargeait de distraire autant que d'accompagner dans sa stratégie politique. On le dit à l'origine de la folle dissolution qui a précipité la France dans le chaos depuis l'été 2024. C'est très excessif. Le chef de l'État a en tout cas élevé en avril 2024 cet improbable conseiller au grade d'officier de la Légion d'honneur, en le gratifiant d'un repas bien arrosé qui s'est terminé, whisky aidant, vers deux heures du matin.

Même en voyage, Emmanuel Macron aime être entouré. C'est ce qui explique la taille de plus en plus imposante des délégations qui l'accompagnent lors de ses voyages à l'étranger. Celles-ci se composent d'une partie « officielle » (hauts fonctionnaires, parlementaires, ministres et anciens ministres) et d'une autre établie selon son bon vouloir et parfois même son bon plaisir, au sens où l'entendait Louis XIV, puisque la formule vient de lui.

Dans un rapport publié le 29 juillet 2024[1], la Cour des comptes alertait sur le montant record des dépenses engagées par l'Élysée en 2023, pour un total de 125 millions d'euros. Et insistait sur l'augmentation de 44 % du budget consacré aux événements et aux déplacements. Mais cela n'a pas du tout dissuadé le chef de l'État de se faire accompagner, trois mois plus tard, par quelque 130 personnes lors de son voyage au Maroc.

Je parlais dans un de mes précédents ouvrages[2] du « Petit Paris », cette galaxie politique, économique, médiatique, culturelle qui se rencontre à des dîners, à des spectacles, à des expositions et dont le périmètre le plus simple à définir serait celui du Siècle, ce cercle de dirigeants qui a résisté à toutes les alternances depuis sa création sous… la IVe République. Or, la cour se distingue de plus en plus du Petit Paris. Le président de la République dédaignerait la fréquentation d'une bonne partie des membres du Siècle, jugés trop peu influents ou trop peu brillants, au sens des feux de la rampe. Il veut être entouré par un groupe de personnalités et de conseillers dont il est « l'astre » central comme on disait au Grand Siècle. Le Petit Paris est un peu trop vulgaire, au sens étymologique du terme, pour l'idée que le monarque se fait de sa cour. C'est vrai d'Emmanuel Macron encore plus que

1. « Les comptes et la gestion des services de la présidence de la République », Cour des comptes, S2024-1053, 29 juillet 2024.

2. *L'Envers du décor*, Albin Michel, 2020.

de ses prédécesseurs. Il lui plaît de fréquenter les grands banquiers, les hommes d'affaires, les artistes et les écrivains en vue, mais pas les demi-mondains, pas la classe moyenne de l'élite.

Il convient aussi de se méfier de certains préjugés ou idées reçues. Ainsi Nicolas Sarkozy était-il réputé fonctionner sur le mode clanique. Pourtant, c'est sous son mandat que j'ai vu s'exercer le plus grand pluralisme dans les nominations diplomatiques. Les hauts postes étaient tenus par de grands professionnels, comme Gérard Araud, Bernard Émié, Jean-Maurice Ripert, Pierre Sellal, Sylvie Bermann, Charles Fries… Aucun d'entre eux n'avait manifesté une particulière dévotion envers lui. Certains avaient même d'autres affinités politiques, mais ils ont été promus sur le seul critère de leurs compétences. C'est suffisamment rare pour être mentionné.

L'obligation d'« en être »

Sous tous les présidents, il est un malheur dont on se remet difficilement : ne plus être invité à l'Élysée ! Ou ne plus participer aux dîners politiques ou culturels ou aux dîners d'État qui y sont donnés. Il y a là de quoi douter de sa place dans le royaume. Les services du protocole et de l'intendance sont ainsi submergés en permanence par les sollicitations incessantes pour obtenir une place, même un strapontin, dans les différentes manifestations qui sont organisées au palais. La règle non écrite est simple : il faut « en être » pour illustrer son pouvoir et consolider ses positions. Courtiser ne signifie pas toujours s'accorder avec le monarque, mais se donner les moyens d'exciper d'une sorte de proximité, de familiarité, qu'elle soit réelle ou feinte, que ce soit dans la vie quotidienne ou pour défendre au mieux ses intérêts.

La cour, en vérité, n'a cessé de croître et de prospérer depuis que ce terme pour désigner l'entourage du président a été popularisé : c'était en 1961 par le journaliste du *Canard enchaîné* André Ribaud. Celui-ci relatait chaque semaine les faits et gestes des uns et des autres, auxquels il avait donné des surnoms amusants mais peu prisés par les principaux intéressés, sous la forme d'un pastiche des Mémoires du duc de Saint-Simon. Pourtant la cour, alors, était beaucoup moins dense qu'aujourd'hui.

C'est un univers codé où certains sont plus égaux que d'autres. Ainsi Bernard Arnault est-il bien traité par le pouvoir, au point qu'il bénéficie d'une sorte de privilège selon lequel il est écrit – mais où ? – que la première dame est habillée par son groupe, LVMH. L'industriel du luxe vient d'être reçu à l'Académie des sciences morales et politiques. La séparation entre l'Académie et l'État ne fait de doute pour personne mais il reste difficile d'imaginer qu'Emmanuel Macron n'en ait pas touché deux mots au chancelier de l'Institut de France.

Évidemment, on voit mal de Gaulle propulser un Marcel Dassault à la tête du musée des Arts décoratifs et l'inviter à déjeuner à l'Élysée la semaine suivante pour le remercier d'avoir accepté !

Les temps changent, y compris pour le président, ce qui suppose de mobiliser toutes ses capacités de résilience.

5.

Ma complicité avec Chirac

Le premier président que j'ai approché de près s'appelle Jacques Chirac. Et j'ai, je l'avoue, beaucoup aimé cet homme-là.

Je me souviens de la nuit du conseil européen où fut décidée la mise en œuvre de l'euro pour la fin de l'an 2000 et la désignation du premier président de la BCE. Autant d'échéances capitales pour notre pays. Tout au long de la nuit, Jacques Chirac se montre très civil. Il parle à chacun de ses collaborateurs, négocie bien entendu avec les différents chefs d'État et de gouvernement, demande son avis à Dominique Strauss-Kahn, alors ministre de l'Économie et des Finances dans le gouvernement de Lionel Jospin. En fait, il a un objectif précis : il ne veut rien lâcher sur la nomination de Jean-Claude Trichet, ancien directeur du Trésor et gouverneur de la Banque de France, à la tête de la future Banque centrale européenne (BCE). Il doit néanmoins, au terme de discussions interminables, se résoudre à un compromis : accepter de donner les clés à un Néerlandais pour quatre ans, avec l'assurance que Jean-Claude Trichet succédera à celui-ci.

Je suis alors directeur adjoint du cabinet du Premier ministre Lionel Jospin, chargé des dossiers économiques et financiers. Il n'y a durant cette période aucune difficulté pour définir et défendre des positions communes face à nos partenaires européens, notamment grâce à la cordiale entente entre Jacques Chirac et Dominique Strauss-Kahn.

Nommé directeur du Trésor en 2000, je suis reçu par le président à l'Élysée pour un déjeuner en compagnie d'autres responsables économiques et financiers. Nous sommes en cohabitation mais l'ambiance est libre et décontractée, à l'exception peut-être de quelques observations sarcastiques du chef de l'État sur le retard apporté à la fourniture de sa Corona, sa bière favorite comme chacun sait !

Après 2002 et sa réélection, Jacques Chirac me défendra toujours contre les attaques venues de tous bords. Son Premier ministre, Jean-Pierre Raffarin, suit en toute chose et avec beaucoup de professionnalisme la feuille de route fixée par le président. Celle-ci concerne les grandes options et les petites choses. Parmi ces dernières, un député UMP (Union pour un mouvement populaire) réclame en séance publique à l'Assemblée nationale mon remplacement à la direction du Trésor par un profil plus en accord avec la nouvelle majorité. Le chef du gouvernement réplique fermement qu'il n'y a aucune raison d'agir ainsi envers un haut fonctionnaire qui remplit sa mission avec loyauté et professionnalisme. Comme de Gaulle, Chirac accordait plus de valeur aux hommes qu'aux appareils, aux compétences qu'aux appartenances.

Nous nous revoyons à plusieurs reprises aux G7 ou G20 où je représente le Trésor. Dans ses visites officielles, il veille toujours à ce que je sois bien traité. Ainsi en Tunisie, où je lui explique que je dois m'éclipser pour participer à un conseil de l'Eurogroupe à Bruxelles. Il me prie de rester un peu plus longtemps et de profiter du retour de son épouse Bernadette à Paris le soir même. « Attendez, me dit-il. Ne partez pas dès maintenant. Mon épouse rentre à Paris ce soir, vous l'accompagnerez. » Dans le jet, Bernadette Chirac me propose de partager son dîner. La conversation est si libre que la première dame évoque l'absence ou la présence de son mari à ses accouchements, me fait part de ses jugements sur la Corrèze, sur la mairie de Paris où elle a vécu durant presque vingt ans et me confie la bonne opinion qu'elle a de Bertrand Delanoë. J'en garde un excellent souvenir !

Jacques Chirac m'accorde une telle confiance qu'il me chargera ensuite d'organiser les différentes conférences de Paris destinées à obtenir le soutien financier des principaux pays occidentaux pour contribuer au désendettement du Liban. Quand on connaît l'attachement de Jacques Chirac à ce pays et son amitié très forte avec son ex-Premier ministre Rafic Hariri, ce n'était pas anodin. C'est ainsi que pendant des mois, je parcours le monde de Ryad à Tokyo en passant par les Amériques, du Nord et du Sud, afin d'obtenir les fonds suffisants. Dans ce cadre, je rapporte directement au président, sans qu'interviennent les ministres de l'Économie et des Finances ou des Affaires étrangères.

Le président va jusqu'à m'appeler directement au téléphone, en 2004, pour que je reste directeur du Trésor alors que Nicolas Sarkozy vient de rejoindre Bercy et qu'il souhaite très légitimement me remplacer par un de ses fidèles, Xavier Musca. Je suis très touché par son geste mais dois lui expliquer qu'un directeur du Trésor ne peut exercer ses prérogatives avec efficacité que s'il dispose de l'entière confiance de son ministre.

C'est ainsi qu'il me nomme ambassadeur (sans attribution réelle) et me charge jusqu'à la fin de son mandat d'organiser une ultime conférence de Paris en faveur du Liban. Je lui fais remarquer qu'il serait peut-être judicieux d'attendre qu'un tel événement soit présidé par son successeur, qu'il pourra avoir davantage d'influence sur le plan international mais il ne veut rien entendre. Et je suis, je l'avoue, très fier de remplir cette dernière mission pour lui.

Ma reconnaissance est telle que je lui demande de me remettre les insignes d'officier de l'ordre national du Mérite (grade que je conserve toujours aujourd'hui). Un de ses collaborateurs à l'Élysée en est très surpris et m'interpelle en ces termes : « Es-tu sûr que ce soit le bon choix car au regard de tes opinions, peut-être devrais-tu solliciter une personnalité de gauche ? » Je maintiens ma position et explique à mon interlocuteur l'attachement qui m'habite à l'égard du président Chirac.

François (Hollande) et Ségolène (Royal) acceptent d'assister à la cérémonie et le chef de l'État se prête de très bonne grâce à l'exercice, sans manifester le moindre agacement envers le nombre d'enfants un peu turbulents présents ce jour-là, plus intéressés par le buffet que par son discours. Il accepte même de figurer sur la photo de famille, que je conserve toujours dans mon appartement.

C'est lors d'un meeting en Corrèze, en 1981, que j'ai fait la connaissance de cet homme d'une grande humanité. J'y accompagnais François Hollande, qui était candidat aux législatives contre lui. Nous étions dans une salle à Ussel et mon ami François attaquait Chirac au cœur de son fief politique. Celui-ci lui a fait cette réponse tout en finesse : « Ce n'est pas mon jeune collègue de la Cour des comptes qui va me donner des conseils... » Ils avaient en effet tous les deux opté pour la Cour à la sortie de l'ENA. Jacques Chirac, pendant cet échange à fleurets mouchetés, apparaissait comme détendu et empathique. Toutefois, François Hollande a quand même réussi à le mettre en ballottage, ce qui représentait une vraie performance !

En vérité, Chirac est un cousin éloigné du Général, issu d'une autre branche de l'arbre généalogique. Il a toujours été beaucoup plus proche de Pompidou par son comportement, sa sensibilité politique et sa manière de gouverner : il se montrait très attaché à la loyauté de ses troupes, très orienté sur les mesures favorisant la croissance.

Avec un bémol toutefois, qui justifie ce cousinage. Il est un véritable héritier de De Gaulle pour tout ce qui touche à l'indépendance, voire à la position de la France dans l'Union européenne. Il suffit de se souvenir de sa position singulière sur l'Irak au moment de la seconde guerre du Golfe où il prend ses distances avec Bush – comme Macron le fera trente-cinq ans plus tard avec Trump. On se rappelle aussi ses dialogues homériques et fleuris avec Margaret Thatcher, notamment sur la politique agricole commune (PAC), où il ne cédait rien et ne semblait nullement désireux de se plier à toutes les exigences de Bruxelles. Il considérait lui aussi l'Union européenne comme une union de gouvernements et non comme une institution politique intégrée.

Jacques Chirac a également voulu, comme Pompidou, avoir recours au référendum pour faire avaliser par le peuple une plus grande intégration européenne. Georges Pompidou avait utilisé cet outil constitutionnel en 1972 pour interroger les Français sur l'entrée du Royaume-Uni, de l'Irlande, du Danemark et de la Norvège dans l'Europe. Différence notable toutefois : Georges Pompidou l'avait emporté largement tandis que Jacques Chirac a perdu en 2005 sur l'approbation du traité constitutionnel. C'est d'ailleurs la dernière fois que le référendum a été utilisé en France…

Quid, ensuite, de Nicolas Sarkozy, François Hollande et Emmanuel Macron ? Les deux premiers avaient quatorze ans quand le Général a démissionné, le troisième n'était pas né.

Leur principale et commune référence au gaullisme porte sur la personnalisation du régime. Nicolas Sarkozy désirait être un leader dynamique, très engagé sur tous les sujets, soucieux d'imprimer sa marque au point de traiter publiquement son Premier ministre de « collaborateur ». Cette volonté a donné le rythme à son quinquennat dès la première minute. Elle s'est confirmée avec le traitement du conflit en Géorgie, puis par son implication personnelle dans la crise financière. Alors que j'assistais avec lui, dans la première moitié de son quinquennat, à un conseil de la zone euro, je lui ai fait remarquer qu'un chef d'État ne participait pas à ce genre de réunion, réservée aux ministres des Finances. Il m'a rétorqué (et me le répète souvent depuis) que j'avais une conception un peu trop traditionnelle de l'Union européenne.

Comme de Gaulle, il se montrait vigilant sur l'évolution des institutions de la Ve République. C'est lui qui a mené la dernière grande réforme institutionnelle de 2008 avec la limitation à deux mandats consécutifs. Celle-ci est d'ailleurs un véritable coup de canif dans la Constitution telle que l'avait pensée Michel Debré.

François Hollande, lui, ne se référait pas à de Gaulle. Il se voulait un président « normal ». Tout le contraire, donc, du Général. Il souhaitait être le premier à rompre avec cette assimilation du président à un personnage exceptionnel. C'était d'une grande audace et cela s'est révélé très périlleux. J'ai plusieurs fois observé que, de ce point de vue, il se rapprochait plus de Pompidou que des autres. Georges Pompidou, grand esprit d'une extrême sophistication, voulait aussi être un Français comme les autres.

François Hollande, pourtant, fustigeait l'ère Pompidou pour sa politique économique qu'il estimait trop inspirée du libéralisme. Dans la seconde partie de son quinquennat, ouvertement « pro-business », il se rapproche cependant de l'esprit pompidolien ou de celui qu'avait insufflé Jacques Delors lors du « tournant de la rigueur », en 1983. En revanche, on ne peut que lui reconnaître un certain côté gaullien dans sa politique internationale. Durant son mandat, il s'affirme face à Poutine sur la Crimée et l'Ukraine avec les accords de Minsk, et refuse de s'aligner sur Obama lorsque celui-ci renonce à intervenir en Syrie contre le régime d'Assad. Dans la gestion des attentats et du terrorisme aussi, il affirme très fermement l'autorité de l'État.

Sa main ne tremble pas, comme je le constate durant l'année 2015 où j'évolue au plus près de lui comme secrétaire général de la présidence de la République. Il donne des instructions très claires pour supprimer à l'étranger des dirigeants de Daech et autres chefs terroristes dans le secret de la politique de renseignement et de défense militaire. Sur la déstabilisation de certains régimes en Afrique, François Hollande se montre également très actif et très discret, ne se poussant jamais du col, peut-être d'ailleurs à son détriment électoral.

Quant à Emmanuel Macron, il s'est montré gaullien durant sa première campagne présidentielle en s'attaquant aux partis et en voulant créer un espace propre contre les appareils traditionnels de droite et de gauche. C'est le sens du « en même temps » qui, en dépit de son ambiguïté, s'inspire de la doctrine du Général lors de son retour au pouvoir en 1958. Par ailleurs, à l'instar de De Gaulle en 1958, il veut apparaître comme nouveau et indépendant par rapport à un système jugé à bout de souffle.

Inspecteur des finances comme moi, ce haut fonctionnaire a voulu restaurer un décorum présidentiel digne du Général, même si ce dernier n'a toutefois jamais fait inscrire un monogramme doré sur son seul siège à l'Élysée, pas plus qu'il ne se faisait servir en premier lors des déjeuners et des dîners. L'objectif d'Emmanuel Macron consistait à effacer la « normalité » de François Hollande et à rejeter dans le passé révolu les écarts de langage et de comportement de Nicolas Sarkozy. En ce sens, il n'est nullement gêné par l'ombre du Général. D'ailleurs, celle qu'il remarque d'abord, c'est... la sienne ! Pour parfaire le tableau, il a aussi tenu à donner à son épouse un rôle de première dame, dans un style certes très différent de celui d'Yvonne de Gaulle, qui mêle élégance, retenue et, en privé, une liberté de ton qui surprend parfois.

Cette posture initiale s'est dégradée parce qu'à la différence du Général, il a voulu intervenir sur tout. Il a commis des excès de communication et adopté des prises de position qui n'ont pas été comprises. Ainsi en témoignent les critiques qu'a inspirées sa prestation sur TF1 au printemps 2025. Même les plus macronistes n'ont pas été convaincus ! Il a été rapidement surnommé « le président des riches », ce qui ne serait venu à l'idée de personne concernant le général de Gaulle. Lequel était, par ailleurs, très soucieux des finances du royaume et n'a jamais laissé filer le déficit et la dette du pays.

Enfin, Emmanuel Macron n'a pas su, ou pas voulu, s'appuyer sur des équipes fortes et, au gouvernement, sur des personnalités suffisamment identifiées auprès de l'opinion, et j'ajouterais, capables de lui résister. De ce point de vue non plus, il n'a rien de gaullien.

La gestuelle gaulliste qu'il a parfois mise en scène a finalement été gommée par la désinvolture qu'il a montrée à l'égard des institutions, laissant le ministère de l'Intérieur inoccupé pendant trois semaines alors que se profilait la crise des Gilets jaunes, et la France sans gouvernement pendant plus de trois mois en 2024, au moment même où le pays se rapprochait du gouffre financier.

Il a toutefois retrouvé une conduite gaullienne lorsque Donald Trump, de retour à la Maison-Blanche, et son vice-président J.D. Vance s'en sont pris violemment à l'Europe ainsi qu'au président ukrainien Volodymyr Zelensky.

En désignant la Russie comme une menace claire pour le pays, il a renoué avec le style du Général même si les arrière-pensées sont visibles.

6.

Tout faire, tout voir, garder le secret

Avec des pouvoirs aussi étendus depuis 1958, tous les présidents que j'ai connus ont dû composer avec des agendas surchargés par des tâches politiques, administratives, nationales, européennes et multilatérales. Certes, tous ont su ou savent goûter les charmes de l'Élysée, des dîners en petit comité ou, le dimanche, des manifestations artistiques, culturelles ou sportives. La densité du travail résulte aussi de la volonté du chef de l'État, plus particulièrement des plus récents, de tout faire et de tout savoir, en agissant parfois selon son impulsivité, comme le fait notre actuel Jupiter.

Dans la Ve République, des milliers de notes et de télégrammes remontent jusqu'au président. Ces divers documents sont le plus souvent accompagnés de commentaires rédigés par des conseillers pour souligner l'essentiel ou pour apporter un regard critique et argumenté sur les propositions destinées au chef de l'État. Certes, le secrétaire général de l'Élysée, aidé de ses adjoints, effectue un tri afin de ne pas submerger le président. Mais pour l'avoir vécu, il s'agit là d'une fonction ingrate, où les retours de bâton peuvent survenir à tout moment. L'auteur d'une note que le secrétaire général n'a pas jugé utile de faire passer à l'étage supérieur peut s'étonner de n'avoir aucun retour. Alors, le président se retourne vers son secrétaire général et lui demande pourquoi les écrits de tel ou tel ministre, dirigeant d'entreprise ou diplomate ne sont pas parvenus jusqu'à lui. Et là, pas question de faire remarquer qu'il s'agissait d'un sujet d'importance secondaire dont il convenait de décharger le président ! Car celui-ci, aujourd'hui encore plus qu'hier, veut tout voir et tout savoir.

À toutes ces correspondances qui peuvent monter à plus d'une cinquantaine par jour s'ajoutent les échanges téléphoniques, les SMS et autres messages sur les boucles de communication.

Le président, donc, désire être présent sur tous les enjeux, même ceux sur lesquels il ne souhaite pas communiquer.

Ses déplacements, même s'ils se décident très vite, à la suite d'une crise, d'une catastrophe naturelle ou d'un accident, sont toujours préparés par le directeur ou le chef de cabinet, en relation avec les services de sécurité de l'Élysée et les gardes du corps du président, ce qui explique peut-être la proximité entre les deux hommes jusqu'à une période récente en tout cas.

L'attention que le président prête aux discours qu'il sera amené à prononcer dépend de son caractère. François Hollande, quelle que soit l'importance du déplacement, s'attachait à tous les détails de son intervention, tandis qu'Emmanuel Macron semble s'en remettre à sa spontanéité, ce qui peut lui valoir de très vives réactions au sein de la population locale, comme cela a été le cas à Mayotte, quand il s'y est rendu en décembre 2024 après le cyclone dévastateur qui a traversé ce département français de l'océan Indien[1].

S'il souhaite être omniprésent dans les affaires françaises, le président veut aussi être reconnu sur le plan international. Tous les successeurs du Général se réfèrent à ses déplacements les plus iconiques, à Berlin, à Phnom Penh ou au Québec, pour mettre en scène leurs visites d'État. Et ils ne sont pas les premiers à vouloir marquer les esprits par une image forte. Le général de Gaulle s'est affiché à dessein, en son temps, avec Jackie Kennedy. Valéry Giscard d'Estaing se plaisait à nager en compagnie de Gerald Ford pour inaugurer un G7.

Images symboliques

Naturellement, François Mitterrand main dans la main avec Helmut Kohl à Verdun symbolise toujours l'amitié franco-allemande. Les répliques abrasives entre Jacques Chirac et Margaret Thatcher témoignent encore de nos querelles de famille avec nos cousins britanniques. Nicolas Sarkozy affichait une certaine décontraction lors de ses voyages présidentiels, ce qui ne l'a pas empêché de forcer la

1. « N'opposez pas les gens ! Si vous opposez les gens, on est foutus, parce que vous êtes contents d'être en France. Parce que si ce n'était pas la France, vous seriez 10 000 fois plus dans la merde ! », a déclaré Emmanuel Macron le 19 décembre au milieu de la foule.

Russie de Poutine à stopper l'invasion de la Géorgie. François Hollande, pour sa part, s'est toujours montré très strict sur l'étiquette, gardant, sans renoncer à ses convictions, une certaine distance avec les grands de ce monde. Paraître lui semblait beaucoup moins important que traiter à fond des dossiers stratégiques, comme celui de l'Ukraine lors des réunions de Deauville et de Minsk, ou celui de la suspension de la livraison d'avions à la Russie après l'annexion de la Crimée.

Les relations de François Hollande avec Barack Obama ont toujours été très formelles, ainsi qu'en témoigne la brièveté d'un dîner à Paris, organisé pourtant dans l'un des grands restaurants étoilés de la capitale, L'Ambroisie, dirigé par Bernard Pacaud. L'accueil des souverains étrangers par le président a toujours fait l'objet d'une grande attention. Ainsi le roi et la reine d'Espagne ont-ils pu rencontrer de nombreuses personnalités artistiques, tandis que le dîner d'État réservé à Elizabeth II d'Angleterre a constitué le point d'orgue du mandat, en présence d'acteurs et d'actrices célèbres des deux côtés de la Manche. Pour ma part, je me trouvais à la table d'Emmanuel Macron et de François Cluzet, en compagnie de nos épouses. Dans ces dîners d'État, les plans de table, surtout celle du président et des souverains, se révèlent particulièrement délicats à établir, notamment du temps de François Hollande, en raison des velléités de Ségolène de se trouver à la table d'honneur avec le président.

Emmanuel Macron a d'emblée voulu mettre la France en majesté aux yeux du monde entier. Il reçoit ainsi Vladimir Poutine à Versailles puis à Brégançon.

Il engage dès le 14 juillet 2018 une relation qu'il veut très cordiale et sensible avec Donald Trump, lors de son premier mandat, en compagnie de leurs épouses qui semblent apprécier les embrassades. Mêmes égards en décembre 2024 lorsque Trump, réélu, est accueilli en hôte numéro un pour l'inauguration de Notre-Dame rénovée après l'incendie du 15 avril 2019. Il organise aussi une visite approfondie du château de Versailles pour le roi Charles III et la reine Camilla, tout cela en présence de Mick Jagger, Hugh Grant, Guillaume Gallienne et Renaud Capuçon, entre autres. C'est également sous son règne que les déplacements officiels à l'étranger comportent les délégations les plus nombreuses jamais rencontrées, avec des personnalités plus ou moins fréquentables, ainsi que l'illustrent les voyages au Maroc ou en Arabie saoudite en 2024.

Mais c'est sur l'Europe que les comportements présidentiels ont le plus changé. On n'a pratiquement jamais vu le général de Gaulle à un conseil européen, celui-ci préférant ou la politique de la chaise vide ou les rencontres bilatérales fréquentes comme il en avait avec le chancelier Konrad Adenauer. Puis, sous Georges Pompidou, ces réunions de chefs de gouvernement restent espacées. Leur rythme s'accélère durant le septennat de Valéry Giscard d'Estaing et surtout ceux de François Mitterrand, avec la mise en œuvre du traité de Maastricht.

Aujourd'hui se tiennent au minimum quatre conseils européens par an, avec des convocations rapprochées en période de crise (financières en 2008 et en 2014, sanitaire en 2020) ou de tensions qui mettent en jeu la sécurité de l'Union européenne. Dans ces réunions, l'essentiel se passe en coulisse où chefs d'État et de gouvernement discutent de manière informelle pour trouver des compromis. C'est grâce à ces rencontres qu'Emmanuel Macron espère conserver son influence en Europe, malgré la gravité de la situation financière de notre pays et son instabilité politique provoquée par la dissolution décidée en juin 2024.

Les petits télégraphistes

Être le plus présent possible auprès de ses compatriotes comme des dirigeants internationaux représente l'ambition la plus forte d'un président de la République française. Pour cela aussi, celui-ci veut tout voir et tout savoir. Plus le temps passe, plus il se dote des réseaux les plus divers, capables de lui rapporter anecdotes, rumeurs, renseignements partisans, ou bien de lui dénoncer les agissements de possibles traîtres ou tout simplement de lui rendre compte de l'humeur du pays.

Dans ce système quasi monarchique qui favorise avec le temps l'installation d'une certaine paranoïa, les courtisans jouent des coudes pour se faire bien voir en fournissant au monarque le plus d'informations possible. À cette fin, le souverain n'hésite pas non plus à diversifier son entourage, quitte à fréquenter – c'est une litote – des personnes au profil ambigu, comme Thierry Solère, ou qui ont déjà hanté les couloirs de l'Élysée sous d'autres régimes, comme Pierre Charon, ce sénateur de droite qui n'aimait pas passer inaperçu. Ces deux personnages jouent aussi le rôle de petits télégraphistes avec la droite, voire l'extrême droite. Ils contribuent de ce fait à ancrer depuis 2022 le président bien à droite, quitte à le pousser à dissoudre l'Assemblée nationale pour mieux combattre la gauche dont est pourtant issu le chef de l'État.

S'ils veulent tout voir et tout savoir, nos présidents aiment le secret. Bien sûr, ils détiennent des secrets d'État, mais ils n'affichent sur eux-mêmes ou leurs proches que ce qu'ils veulent bien montrer. De Gaulle protégeait sa famille et ses petits-enfants et utilisait avec beaucoup de parcimonie l'image de son épouse. Rien de sa vie privée ne devait devenir public.

Georges Pompidou s'est montré d'autant plus attaché au secret qu'il avait été victime d'une effroyable machination touchant à sa vie privée avec l'affaire Markovic. Rumeurs et attaques au-dessous de la ceinture sont l'apanage d'adversaires politiques ou de rivaux dans son propre camp. Cela avait été le cas de l'affaire Markovic, et Georges Pompidou avait trouvé la meilleure maxime pour protéger les secrets d'un président : « Si vous ne voulez pas que ça se sache, n'en parlez pas. »

Les « visiteurs du soir »

Pour autant, certains chefs d'État, en dehors de la vie privée, savent se montrer plus transparents que d'autres, tels Jacques Chirac et Nicolas Sarkozy.

Le premier aimait partager ses visions sur la société française ou l'économie telle qu'il la voyait, sans langue de bois lors de déjeuners où les invités, même s'ils n'étaient pas considérés comme des proches ou des alliés politiques, bénéficiaient de cette liberté de ton. Ce fut mon cas.

Le second, lors de déplacements en avion ou de séjours à l'hôtel, n'hésitait pas à nous raconter par le menu ses campagnes, ses relations « avec Chirac » ou d'autres personnalités, qui venaient souvent du monde de la culture ou des médias, et qu'il avait croisées quand il était maire de Neuilly. En déplacement, il lui arrivait de se retrouver dans le même hôtel, parfois au même étage, que des journalistes venus avec lui.

Naturellement, avant Emmanuel Macron, le plus secret des présidents était François Mitterrand, même s'il livrait des confidences à ses « visiteurs du soir », expression inventée sous son mandat pour décrire les rencontres régulières avec des proches connus ou moins connus, et ce, quelle que soit leur sensibilité politique. Toutefois, en ce qui concerne sa maladie ou l'existence d'Anne et Mazarine Pingeot, il a fallu attendre la fin de son mandat pour connaître la vérité.

François Hollande aussi cultivait une certaine réserve. Après la révélation de l'incident du scooter, rue du Cirque, personne n'a eu vent des fréquentes visites de Julie Gayet à l'Élysée. Nous ne savions d'ailleurs ni les uns ni les autres où et avec qui le président dînait hors événements officiels ou entrevues politiques inscrits sur l'agenda. Ses rencontres avec ses enfants demeuraient entourées d'une extrême discrétion.

De même, ses échanges, au printemps 2016, avec deux tandems de journalistes chargés de dresser le bilan du règne étaient gérés par lui en direct, d'une façon totalement cloisonnée, et n'étaient connus ni du secrétaire général ni des responsables de sa communication. Gérard Davet et Fabrice Lhomme formaient en quelque sorte « les anges noirs », tandis que Karim Rissouli et Antonin André prétendaient à un peu plus de bienveillance. Ce sont d'ailleurs eux qui gagnent la course sur le plan des délais : poussés par leur éditeur, ils sortent *Conversations privées avec le président* (Albin Michel) pendant l'été, et racontent ce qui se passe au palais. Très agacés, les deux journalistes d'investigation du *Monde* changent alors leurs plans : parution en novembre 2016 et ton féroce, acerbe parfois. Le bilan d'Hollande apparaît bien sombre, bref le livre est à charge. *Un président ne devrait pas dire ça* (Stock) sera un best-seller. L'espace pour être candidat s'est brutalement réduit en quelques jours pour François.

Emmanuel Macron est un cas à part ; il est souvent présenté comme le plus secret et le plus solitaire de nos présidents. Durant ses jeunes années à l'inspection des Finances, que je dirigeais alors, puis comme collaborateur de François Hollande à l'Élysée, il m'avait paru au contraire très ouvert, toujours prêt à parler de ses relations avec ses parents et surtout de l'éducation qu'il avait reçue de sa grand-mère adorée. Très empathique, il s'impliquait avec enthousiasme dans les différents séminaires organisés par l'Inspection. Nous terminions souvent nos journées de travail autour d'un whisky qu'il apportait. Il animait aussi avec talent les dîners en ville parisiens, chez lui comme à l'extérieur. Toutefois, il est vrai qu'il ne faisait jamais allusion aux circonstances de sa rencontre avec Brigitte, et à leur mode de vie avant d'être à Sciences Po ou à l'ENA.

Aujourd'hui la déferlante de cabales et de *fake news* complotistes sur Brigitte, après les opérations de piratage russe pendant la campagne de 2017, l'a incité à verrouiller davantage le système de sécurité de l'Élysée. Emmanuel Macron ne passe par aucun intermédiaire pour recevoir hors protocole et hors agenda tout « visiteur du soir » qu'il veut rencontrer. On rapporte aussi qu'il a fait brûler nombre de notes personnelles. Très protégés par leurs officiers de sécurité, les Macron ne se rendent plus à des invitations particulières, et préfèrent dîner dans quelques restaurants du centre de Paris dont La Rotonde, une brasserie accueillante de Montparnasse n'ayant rien du luxueux établissement qui a souvent été décrit : là, ils ont leur table réservée en fond de salle à côté de celle des agents de sécurité.

Plus que le secret, ce qui surprend chez ce jeune chef d'État qui a connu la gloire et l'adulation avant un certain rejet, c'est désormais la solitude. Il est d'après ses proches collaborateurs « hypercloisonné ». Son épouse le reconnaît elle-même, soulignant qu'à ce niveau de pouvoir, on ne peut avoir confiance en personne et que l'on vit à deux, un peu en vase clos.

L'enfermement comme conséquence de l'hyperprésidence, c'est un sujet de sciences politiques à méditer. Mais c'est aussi une réalité observée lors de l'étrange décision de dissoudre l'Assemblée nationale prise le 9 juin 2024. Une décision « incomprise ».

L'enfermement comme cause, aussi, du divorce avec la France profonde, de la part d'un président qui, initialement, proclamait avec conviction qu'il n'avait pas peur du peuple.

Malédiction présidentielle ou résultat d'une série d'erreurs ?

7.

La peur du peuple

Le peuple, justement ! Nos présidents sont élus par lui, directement. Sans intermédiaire. Un cas de figure très rare dans nos démocraties modernes. Pourtant, et c'est une contradiction apparente, la plupart d'entre eux ont peur de ce même peuple. Ils redoutent, au moins à un moment ou à un autre de leur mandat, les réactions de ceux-là mêmes qui les ont faits rois.

Le Général était à l'abri de ce genre d'émotion. Même quand Mai 68 a pris une ampleur à laquelle il ne s'attendait pas ? interrogeront les sceptiques. De fait, la question se pose. Ce voyage surprise est l'un des mystères du règne. Que s'est-il passé ? Le chef de l'État, déprimé par la « chienlit », se rend à Baden-Baden dans le plus grand secret. « Voilà sans doute l'épisode le plus croquignolet de son mandat, raconte Franz-Olivier Giesbert dans son *Histoire intime de la Ve République*[1], et on peut le résumer en une phrase : alors que montaient les périls, l'homme du

1. Franz-Olivier Giesbert, *Le Sursaut. Histoire intime de la Ve République*, tome I, Gallimard, 2021.

18 juin s'est enfui outre-Rhin en espérant trouver un antidote à la dépression qui l'accable. »

Cet antidote se nomme Jacques Massu, résistant de la première heure et commandant en chef des forces d'occupation en Allemagne, en résidence à Baden-Baden. C'est là qu'atterrit l'hélicoptère du couple présidentiel. Madame a emporté « une petite valise-cassette qui contient les bijoux de famille ». Son époux s'assure que leurs enfants ont également quitté la France. Tout laisse penser à un départ précipité à l'étranger. Pourtant, le séjour ne dure pas longtemps. Après une collation et un entretien avec Massu, qui l'exhorte à repartir au combat, de Gaulle veut rentrer sans tarder. « Les enfants sont à l'abri, commente tristement Mme de Gaulle. Quant à nous, nous avons vécu très longtemps, nous verrons bien quel sera notre sort[1]. »

L'homme du 18 juin n'aurait donc pas peur du peuple puisqu'il retourne à Paris affronter son destin, quand bien même les drapeaux rouges et noirs flotteraient sur les usines de la banlieue parisienne. A posteriori, selon ses biographes, il est toutefois déçu de lui-même et de ce mélange de doute et d'accablement qui s'est emparé de lui et qui lui ressemble si peu.

Depuis son grand retour, en 1958, il n'a pas craint, pourtant, d'accorder l'indépendance à l'Algérie et de décoloniser alors que les Français étaient largement convaincus que notre influence dépendait pour beaucoup de la taille de nos conquêtes. Il a su tenir tête aux grèves des mineurs pour moderniser la politique énergétique du pays et garantir la croissance. Et puis,

1. *Ibid.*

après 1968, il se lance dans l'organisation d'un référendum qui ressemble à un suicide politique...

En mai 1968, Georges Pompidou n'est pas effrayé non plus par les événements, même si le Général lui reprochera d'avoir « lâché trop de lest » aux étudiants en révolte, notamment avec la réouverture sans contrepartie de la Sorbonne. Une fois élu président de la République en 1969, il développe sans états d'âme une industrie forte, poursuit et étend même au civil la politique nucléaire de son prédécesseur.

Passionné de culture, il sait, après André Malraux, faire rayonner les arts auprès du plus grand nombre. Féru d'art contemporain, il ne dissimule pas cette inclination, pourtant peu populaire. Quand il est Premier ministre, il installe dans son bureau de l'hôtel Matignon un immense tableau de Pierre Soulages, connu alors des seuls initiés. Une initiative qui n'est pas très appréciée dans les cercles du pouvoir comme dans la sphère médiatique. La toile d'avant-garde remplace en effet un portrait de Colbert. Élu président, il confie le réaménagement des appartements privés au plasticien Yaacov Agam et au designer Pierre Paulin.

Le dernier budget à l'équilibre

Valéry Giscard d'Estaing présente un autre profil, plus monarchique par certains aspects, mais très audacieux sur les enjeux sociétaux. L'abaissement de la majorité à dix-huit ans et surtout la dépénalisation de l'avortement étaient autant de réformes qui présentaient des risques, y compris électoraux, dans une France encore très conservatrice.

La résistance des finances publiques, malgré les deux chocs pétroliers, n'était pas écrite non plus d'avance. VGE fut le dernier président à donner aux Français un budget équilibré en 1975. Il y a donc... cinquante ans. C'est la marque d'un homme d'État que de savoir, malgré les vents contraires, maintenir les finances du royaume. Il faut reconnaître à Giscard, secondé avec compétence par Raymond Barre, son Premier ministre durant cinq ans, d'avoir su résister aux sirènes du « quoi qu'il en coûte ». Sa témérité élégante et efficace pouvait le conduire à la défaite. Il le savait. Et ce fut d'ailleurs le cas !

Quand se produit, en 1981, l'alternance tant redoutée par les uns, et tant fantasmée par les autres, François Mitterrand a fait mille promesses de campagne. La plus courageuse est bien entendu l'abolition de la peine de mort, à laquelle une majorité de Français se dit hostile. Il est le premier grand responsable politique à fredonner un air connu : « Le programme, rien que le programme, mais tout le programme. »

Une assurance qui dure deux ans, pas plus. En 1983, il a le courage de prendre le « tournant de la rigueur » plutôt que de lancer la France dans un périple aventureux.

Mais sa véritable épreuve du feu a lieu en 1984. Parmi ses 110 propositions figure la création d'un grand « service public unifié et laïque de l'Éducation nationale » destiné à dissoudre les écoles privées dans un système étatique. Les immenses manifestations qui éclatent partout en France au printemps conduisent François Mitterrand à reculer. Dans son allocution du 14 juillet, il annonce le retrait de la loi, dite loi Savary, du nom du ministre de l'Éducation nationale en poste depuis 1981. Ce dernier apprend la nouvelle par la télévision, et démissionne, suivi quelques heures plus tard par le Premier ministre Pierre Mauroy.

Est-ce la peur du peuple, ou plus exactement de la jeunesse, qui le mènera ensuite, durant les deux ans de cohabitation avec Jacques Chirac, à prendre ouvertement parti pour les étudiants en lutte contre la réforme des universités portée par Alain Devaquet et elle aussi retirée, après le décès d'un jeune homme, Malik Oussekine ? Ou est-ce plus simplement une forme de clientélisme à l'égard d'une grande partie de l'électorat alors encline à voter à gauche ? Certainement un peu des deux.

Réformes populaires et réformes abandonnées

J'ai mieux connu « Chirac », comme on l'appelait familièrement. Cet énarque de droite avait fait une campagne assez à gauche. Mais il a été stoppé net dans ses velléités réformatrices après son élection en 1995. Il avait promis de réduire la fracture sociale. Malheureusement, l'état des finances publiques exige, comme l'expose très vite son Premier ministre Alain Juppé, d'opérer un tour de vis, notamment sur les finances de la Sécurité sociale en général et les retraites en particulier. Les Français ne l'acceptent pas, et soutiennent massivement les grèves du secteur public qui paralysent le pays au cœur de l'hiver. La réforme Juppé est abandonnée en rase campagne… Le président, influencé par son entourage et notamment

– il faut bien le dire – par Dominique de Villepin, le secrétaire général de l'Élysée, a alors une idée désastreuse : décider la dissolution de l'Assemblée. Déjà ! Le ratage est total : la gauche l'emporte et intronise Lionel Jospin à Matignon.

J'étais directeur adjoint de son cabinet et me souviens très bien combien la peur du peuple a joué dans ses arbitrages concernant les 35 heures. Cette réduction brutale du temps de travail devait dans un premier temps ne concerner que le secteur privé. Mais comment ne pas fâcher les fonctionnaires ? La mesure est donc étendue aux fonctionnaires d'État, tout d'abord, et puis bien entendu à la fonction publique hospitalière. Elle a comblé les Français mais a plombé la productivité des services publics, avec des administrations territoriales qui travaillent en moyenne 32 heures par semaine. Sans parler du secteur hospitalier, déstabilisé, et pour longtemps, par ce grand chamboulement.

Puis, durant son second mandat, Jacques Chirac reculera encore – et de quelle manière ! – sur la réforme du contrat première embauche (CPE). Son nouveau Premier ministre – Dominique de Villepin ! – veut endiguer le chômage des jeunes, dont le taux atteint 25 % chez les moins de vingt-six ans en 2005-2006. Il imagine alors un CDI dont la période d'essai est de deux ans, au lieu des huit mois maximum prévus par le Code du travail. Pendant deux ans, l'employeur peut donc rompre à sa guise, sans motif, le contrat qu'il a signé. La loi est votée, malgré les centaines de milliers de jeunes qui descendent dans la rue entre janvier et juin 2006. Au plus fort du mouvement, les manifestations comptent 3 millions de personnes ! Jacques Chirac promulgue tout de même la loi, mais demande aussitôt au gouvernement d'en modifier les points les plus contestés. Il annonce ainsi la réduction de la période d'essai à un an et le droit pour le jeune de connaître les raisons de son licenciement.

Peine perdue. Le mouvement ne faiblit pas. Onze jours après cette première reculade, le chef du gouvernement annonce que « les conditions ne sont pas réunies » pour que le CPE puisse s'appliquer... C'est la bérézina, malgré le courage de Dominique de Villepin.

Débuts de l'hyperprésidence

Quand j'entre dans le gouvernement de Nicolas Sarkozy, en 2007, celui-ci m'apparaît comme le président le plus confiant en ses capacités depuis le Général. Il ne semble prêt à renier aucune orientation réformatrice. Toutefois, l'expérience lui enseigne la prudence, et il ne va pas jusqu'au bout de son engagement de ne remplacer qu'un fonctionnaire sur deux partant à la retraite.

Le Conseil des ministres était alors dirigé de manière très dynamique par Nicolas Sarkozy qui donnait ses lignes directrices et limitait les interventions des ministres quand elles lui paraissaient très longues ou qu'il n'était pas d'accord avec les arguments développés. Bernard Kouchner, par exemple, a été plusieurs fois victime de ces interruptions brutales.

Ce qui me frappait, c'est que le Premier ministre François Fillon ne s'exprimait pas beaucoup. Il est vrai que le président ne lui donnait pas souvent la parole. François Hollande, lui, laissait parler Manuel Valls ou Bernard Cazeneuve à leur guise.

Mais aucun de ces deux présidents, dans ces occasions, et y compris dans les périodes de plus vive tension, ne laissait transparaître la moindre appréhension quant au ressentiment éventuel que les Français pourraient nourrir à leur égard.

Ce qui n'empêchait pas quelques moments plus légers. Comme ce mercredi matin du début de son quinquennat où Nicolas Sarkozy, cet homme réservé sur le fond, avait évoqué sa vie privée, alors compliquée, en plein conseil des ministres. C'était la rentrée. « J'espère, dit le président de la République à ses ministres, que vous avez passé d'excellentes vacances. Quant aux miennes, je ne vous en parle même pas, puisque vous savez tous qu'elles ont été bonnes. » Les médias ne parlaient alors que de la dérobade de sa femme, Cécilia, qui avait refusé de se rendre à l'invitation du président Bush et de son épouse... C'était une forme d'autodérision très élégante que de suggérer ainsi, avec sobriété et avec le sourire, qu'il se trouvait dans une situation personnelle difficile.

Le piège de la « normalité »

C'est un ami proche qui entre à l'Élysée en mai 2012. C'est l'époque où il répète qu'il sera un « président normal ». Ainsi François Hollande tient-il à montrer sa proximité avec le peuple et à instiller le sentiment que celui-ci ne lui inspire aucune crainte. Il en fait la démonstration avec une réforme de société fondamentale : le mariage pour tous. Il constate que chaque week-end, de nombreuses manifestations parcourent la France, animées par les catholiques intégristes, qui semblent par ailleurs vouloir ignorer les abus sexuels commis dans l'Église !

Cette jacquerie de la France la plus conservatrice contribue à ravager sa popularité. Il n'en mène pas moins une politique internationale très offensive, et intervient militairement au Sahara occidental et en Syrie, malgré le « courage fuyons » adopté par le président américain de l'époque, Barack Obama.

Quelles que soient alors les controverses, le président français soutient la Grèce de Tsípras, qu'il encourage à réformer son pays. Il n'est pas pour rien dans le mouvement de francophilie qui depuis anime Athènes. Ni dans la survie de la zone euro, alors gravement menacée, notamment par les réticences allemandes. Avec la même force d'esprit et en dépit de l'influence de Poutine, alors très forte dans l'opinion française, il est le premier, en 2014, à défendre l'intégrité de l'Ukraine après l'annexion de la Crimée par la Russie.

Ni l'aveuglement d'une partie de l'intelligentsia – de gauche, il faut bien le dire – ni les injures et les menaces venant des mouvements les plus dangereux ne vont l'impressionner : il saura sans faiblesse et sans démagogie combattre le terrorisme islamiste. Malgré les reproches exprimés par les « frondeurs » qui s'agitent au sein de sa majorité parlementaire, il modifie sa politique économique et fiscale pour soutenir les entreprises avec le CICE (crédit d'impôt pour la compétitivité et l'emploi). Il s'emploie aussi à réduire le poids des corporatismes avec la loi dite

Macron, puis à rénover le droit du travail avec la loi El Khomri et enfin à accroître l'efficacité de notre système de protection sociale grâce aux mesures prises par la ministre de la Santé Marisol Touraine. Avec le recul, le succès n'est pas total sur ce plan !

Bref, la peur du peuple ne semble pas l'effaroucher malgré une forte impopularité.

À l'Élysée, j'observe jour après jour ce phénomène peu fréquent, jusqu'à ce que je comprenne qu'il garde sa peur en lui. Il ne l'extériorise pas. Il a voulu se dire normal, et se comporter comme tel, alors que ce n'est pas lui. Son sens de l'humour, son empathie envers toutes et tous, sa vivacité hors pair, sa simplicité n'apparaissent pas dans ses interventions publiques, pour la plupart d'inspiration assez technocratique.

Sa seule crainte finalement était de voir à nouveau sa vie privée étalée au grand jour, raison pour laquelle il renonce à se montrer « normal » dans sa vie privée. Aucun Français ne le voit à l'époque apparaître avec Julie Gayet à ses côtés et d'ailleurs tout le monde n'était pas au courant à l'Élysée.

Il est tout de même rattrapé à la fin de son quinquennat par une autre peur, invisible, celle d'être désavoué par les Français. Ce qui l'amènera à être le premier président de la Vᵉ République à ne pas se représenter. Il aurait pu, comme d'autres, attendre les trois derniers mois précédant l'élection pour se décider. Bien sûr, nous ne saurons jamais s'il aurait pu gagner ou pas. Il a eu l'élégance de ne pas jouer avec le feu au détriment de son camp. C'est tout à son honneur.

Pendant ce temps, j'ai vu Emmanuel saisir sa chance. Nous nous sommes appelés par nos prénoms le jour où il est entré à l'inspection des Finances en 2004. J'appréciais alors que, par tempérament, celui-ci n'ait peur ni du peuple ni des autres. Et peut-être pas assez… de lui-même !

C'est un trait de caractère que j'ai continué de noter quand il est devenu ministre de l'Économie, et que je considérais comme une qualité.

Il a montré cette bravoure quand, entre les deux tours de l'élection présidentielle de 2017, il s'est rendu à l'usine Whirlpool en grève, dans un climat extrêmement tendu, et contre l'avis de ses officiers de sécurité. Puis à nouveau, début 2019, quand il a inventé le « grand débat national » comme sortie de la crise des Gilets jaunes. Puis encore pendant l'épidémie de Covid-19, lorsqu'il a décidé, contre tous les avis, de rouvrir les écoles par exemple.

Toutefois, la peur de la montée des extrêmes – qu'il avait promis de réduire à néant lors de sa première campagne présidentielle – l'a conduit par la suite à entamer un virage à droite. Il pensait ainsi suivre la tendance du pays, ce qui lui a permis d'être réélu, performance inédite sous la Ve République hors cohabitation.

Parce qu'il n'a pas fait campagne après sa réélection – et assez peu avant, force est de le reconnaître –, Emmanuel Macron n'a pas recueilli de majorité absolue lors des législatives qui ont suivi. A-t-il éprouvé le sentiment que les Français s'étaient éloignés de lui ? Il s'est en tout cas échiné à maintenir sous diverses formes le « quoi qu'il en coûte », instauré à juste titre pendant la pandémie. De chèque énergie en ristourne à la pompe, d'indemnité inflation en bouclier tarifaire, sans oublier l'aide exceptionnelle de rentrée, ce sont des dizaines de milliards d'euros qui ont été ainsi distribués.

Ce « toujours plus » augurait sans le moindre doute une catastrophe à venir. Mais l'extrême droite ne cessait de pratiquer la surenchère sur la défense du pouvoir d'achat. Pour ne pas se laisser déborder, l'Élysée a participé au concours du plus dépensier sans le moindre résultat en termes de popularité ou de réussite électorale, comme l'ont montré les scrutins européens puis législatifs de 2024.

Mais depuis les manifestations importantes contre la réforme des retraites, depuis les révoltes des agriculteurs début 2025, le chef de l'État a manifestement considéré qu'il valait mieux sacrifier nos finances, notre influence européenne plutôt que de souffler sur les braises.

Si bien que c'est le peuple qui, désormais, éprouve une certaine peur face à l'avenir. Peur de perdre du pouvoir d'achat, peur de voir les impôts augmenter pour colmater la brèche de 1 000 milliards d'euros de dette supplémentaire ouverte depuis 2017. Contrairement à certains de ses prédécesseurs, ce jeune président n'a donc pas vraiment géré une réduction de ses moyens, de ses crédits, de ses programmes, de ses ambitions. Pas de cure d'austérité ni de réforme de l'État, mais en revanche le télescopage d'une crise financière – le budget – et d'une crise politique – la dissolution – qui lui a enlevé une partie de son pouvoir.

8.

Le canard sans tête

En règle générale, c'est pourtant le président de la République qui anime toujours la vie politique. Mieux : il en est le centre. Il court dans nos esprits et dans nos cœurs. Chaque période de ma vie s'incarne à travers un président. J'ai vécu toutes les campagnes présidentielles avec intérêt et pour certaines, je m'y suis impliqué personnellement. Élevé dans le voisinage des fermes normandes, je suivais la course des canards dans les prairies sans reconnaître leur tête dans le peloton.

Comparaison n'est pas raison, mais les présidents sont tout de même de drôles de volatiles !

En effet, ils courent encore lorsqu'ils sont en fin de mandat soit pour être réélus, soit pour laisser une trace avantageuse dans l'histoire. Et tout au long de leur présidence, ils donnent parfois l'impression de courir… alors qu'ils ont quelquefois perdu la tête. Exactement comme le canard que l'on vient de décapiter, et qu'une activité rythmique et spontanée de sa moelle épinière maintient quelque temps en état de locomotion.

On songe à Giscard qui lors de sa tentative de réélection fonce dans le mur sans rien voir venir.

Mais cet état survient souvent au cours d'un second mandat. Même le général de Gaulle n'a pas échappé à cette fatalité ainsi qu'en témoignent ses atermoiements face aux événements de Mai 68 et son échec au référendum de 1969. Les fins de mandat de François Mitterrand et de Jacques Chirac ont été marquées par l'âge et la maladie, mais pas seulement. Elles ont mis au jour une forme d'acharnement dans l'autoflagellation, comme en ont témoigné les explications pathétiques du président Mitterrand sur ses relations avec le régime de Vichy. Emmanuel Macron a réussi sur l'essentiel pendant son premier mandat, développant une nouvelle économie, maîtrisant la révolte des Gilets jaunes, protégeant notre pays de la crise sanitaire et des risques de guerre liés à l'invasion de l'Ukraine. Le second est, sur ce plan, une caricature. Le pouvoir est apparu dans toute sa vacuité, où plus aucun dessein, plus aucun projet ne méritait d'être mis en œuvre. De déception en échec, celui-ci est devenu une longue fuite en avant jusqu'à la désastreuse dissolution. L'engagement international du président devrait lui permettre de retrouver des couleurs d'ici à 2027.

Les faux pas

Si nos présidents courent toujours, ils ne représentent plus pour les Français le symbole qu'ils ont été. Mais c'était une époque qui semble aujourd'hui lointaine, et durant laquelle les citoyens se sentaient rassurés par une figure sage et expérimentée. Depuis, du fait de certains comportements, le peuple ne se reconnaît plus dans son élite. Ainsi en 2007 Nicolas Sarkozy célèbre-t-il sa victoire au Fouquet's. Le lendemain, il va se reposer sur le yacht de son ami Vincent Bolloré avant de lancer son fameux « casse-toi, pauvre con » au Salon de l'agriculture. L'image de François Hollande reste associée à celle du scooter qui le conduit rue du Cirque, près de l'Élysée, chez Julie Gayet. Quant à Emmanuel Macron, il commence son mandat en confiant des responsabilités écrasantes à un certain Alexandre Benalla, puis en évoquant les Français « qui ne sont rien » !

Ainsi, en un quart de siècle, l'autorité présidentielle s'est étiolée, sinon évanouie. À tel point qu'aujourd'hui, dans la rue, dans les commerces de village comme dans les dîners parisiens, plus personne n'ose mentionner la personne du président, si ce n'est éventuellement pour la brocarder. Et avec quelle violence, souvent !

Ce qui a changé depuis le Général ? Le président court toujours pour aller de l'avant, mais avec un pouvoir amoindri par de nombreux facteurs : l'influence des réseaux sociaux, les frondes qui s'accroissent au sein de son propre camp, l'effet des promesses non tenues, le nombre d'inconnus qui composent le gouvernement ou l'entourage du chef de l'État. On ne saurait enfin passer sous silence la fantastique progression des contraintes normatives ou réglementaires, ni oublier la montée des dangers extérieurs et la dégradation de nos positions commerciales.

Après quoi le président court-il ?

Cependant, depuis l'adoption du quinquennat, résultat d'une surenchère entre le président Chirac et Lionel Jospin, son Premier ministre, une impression domine : on ne court qu'après le chef de l'État. Lui seul compte, lui seul est responsable, lui seul est reconnu, lui seul détient et garde les secrets, lui seul choisit celles et ceux qui lui conviennent pour occuper les hautes fonctions au sein de l'appareil d'État. C'est un peu moins vrai depuis l'étrange cohabitation née de la dissolution de l'Assemblée nationale, et qui se prolonge. Les nominations des directeurs généraux de la police nationale et de la gendarmerie, postes stratégiques s'il en est, ont ainsi été arbitrées dans la souffrance à l'automne suivant, au terme d'un affrontement entre l'Élysée et le ministère de l'Intérieur. En plein désastre sécuritaire, entre les victimes collatérales du narcotrafic et les règlements de comptes de violence ordinaire, cette valse-hésitation a beaucoup agacé parmi les policiers comme parmi les gendarmes.

Toutefois, tentons de faire abstraction de cette période politique inédite qui s'est ouverte après les élections européennes de juin 2024. Même en période de calme politique, le quinquennat a montré ses limites. Dans ce régime, tout le monde court après le président, donc. Mais le président, après quoi court-il ? Après sa réélection, bien entendu, puis après son bilan en cas de second mandat.

Auparavant, le septennat permettait non seulement de vivre de longues périodes de cohabitation (cinq ans pour Chirac et Jospin entre 1997 et 2002) mais aussi de connaître, en cours de mandat, des changements de style, d'entourages, et même de politique.

Le septennat laissait aussi le temps de mener une politique à moyen terme. Depuis le quinquennat, le président fraîchement élu dispose d'un an pour appliquer quelques-unes de ses promesses électorales.

Message brouillé

Hier, les cartes n'étaient pas brouillées et les Français percevaient plus clairement les intentions de leurs gouvernants. Ainsi, la période de Gaulle-Debré ne se compare pas à de Gaulle-Pompidou, où le partage du pouvoir se veut plus affirmé, du moins jusqu'en 1968. Puis Pompidou-Chaban-Delmas, attelage mal accordé mais habité par la modernité, notamment au travers du concept de « nouvelle société », diffère profondément du duo qui va suivre, avec Pierre Messmer dans le rôle du Premier ministre, et une inspiration beaucoup plus conservatrice. Quant au couple Giscard-Chirac, qui se dissout dans un divorce conflictuel, il ne prélude en rien à la fusion plus rigoureuse et très solide qui s'établira entre VGE et Raymond Barre pendant cinq ans.

François Mitterrand n'a pas seulement inauguré les alternances politiques, il a aussi fait preuve, avec les Premiers ministres qu'il a choisis dans son propre camp, d'une plasticité intellectuelle et idéologique qui pourrait figurer au rang des beaux-arts. De Pierre Mauroy à Pierre Bérégovoy, en passant par Laurent Fabius, Michel Rocard et Édith Cresson, ce sont toutes les facettes de sa riche personnalité politique qu'il a mobilisées pour choisir ses chefs de gouvernement.

Pendant toutes ces années s'impose une règle qui n'est pas prévue par les textes : c'est le fait que tout nouveau Premier ministre signe le jour de sa nomination une lettre de démission... en blanc ! Une zone d'ombre entoure cette étrange procédure qui a apparemment disparu depuis près de deux décennies. Cette relation Élysée-Matignon déterminait la bonne compréhension du projet politique par les Français : l'indépendance souveraine de la France puis la participation sociale incarnées par le Général ; la modernisation industrielle souhaitée par Georges Pompidou ; le libéralisme sociétal, économique et européen impulsé par Valéry Giscard d'Estaing ; l'union de la gauche puis la social-démocratie ancrée dans l'Europe voulue par François Mitterrand ; le chiraquisme audacieux qui supprime le service militaire et impose l'euro dans le quotidien des Français, puis le chiraquisme indépendant qui refuse, dans un style flamboyant, par la voix de Dominique de Villepin, la guerre menée par les États-Unis et son allié britannique en Irak.

Quelles que soient leurs sensibilités, les électeurs étaient en mesure de ressentir ces inflexions. Mais au moins ils n'avaient pas le sentiment de se trouver face à un spectacle politique illisible.

Au contraire, avec le quinquennat, hors crise majeure, le président à peine installé désire faire la course seul en tête, obsédé au bout de deux ans soit par sa réélection soit par la réussite de sa sortie. Cela lui laisse peu de temps pour agir, d'autant plus que la période d'« état de grâce » n'est jamais garantie, comme l'a constaté à ses dépens Emmanuel Macron après sa réélection.

Le crépuscule d'une ambition

Ce jeune président a ainsi choisi dès 2018 d'abandonner son ambitieux projet de réforme de l'État qu'il avait présenté aux Français. Lancé par son Premier ministre Édouard Philippe le 13 octobre 2017, le programme Action publique 2022 doit s'appuyer sur un rapport rédigé par un comité de 34 membres issus de la haute administration et du secteur privé, baptisé CAP22. L'objectif consiste à maîtriser la dépense publique en optimisant les moyens, tout en améliorant la qualité des services publics. Vaste programme !

On voit les choses en grand puisqu'il est question de proposer des pistes pour vingt et une politiques publiques. Mais quelques pseudo-réformes, telle celle du statut de la SNCF et la suppression (très progressive) du statut des cheminots, essorent dès l'été les capacités réformatrices du nouvel exécutif. Le président est convaincu qu'il ne faut pas brusquer les choses. Puis, à l'automne, la crise des Gilets jaunes achève le travail de sape.

Le chef de l'État, en cet automne 2018, commence à craindre les réactions populaires et ces manifestants dont certains envisagent de « prendre l'Élysée ». Il réfléchit à une sortie de crise : il invente alors le grand débat national, une initiative qui, il faut le reconnaître, est aussi une performance personnelle, puisque Emmanuel Macron accepte de se mettre « à portée d'engueulade » des Français en colère. Ce qui permet d'éteindre la grogne se mesure toutefois en milliards, 17 exactement, distribués par l'État pour mettre fin à ce simulacre de révolution, qui n'a jamais entraîné que quelques centaines de milliers de personnes dans sa période de plus grande intensité. Cette tournée générale marque le début de l'« arrosage automatique » qu'Emmanuel Macron avait tant décrié à propos de ses prédécesseurs. La méthode est simple : à la moindre étincelle de mécontentement, le gouvernement fait baisser la température grâce à une distribution d'argent public, sous forme d'aides, de subventions, de compensations...

Contrairement aux apparences, le « quoi qu'il en coûte » n'est donc pas apparu avec la pandémie de Covid-19 mais a démarré un an plus tôt.

La réforme ou le chéquier : telle est l'alternative devant laquelle est placé tout président nouvellement élu. La plupart du temps, il commence par la réforme avant de sortir plus ou moins vite son chéquier...

Président un jour, président toujours...

Pourtant, je suis frappé de voir comment chaque président se considère au fil de sa vie comme une tête éternelle de l'État.

Valéry Giscard d'Estaing, après avoir choisi de redevenir député, prétendait ainsi être systématiquement consulté par les prétendants à l'Élysée qui, avant leur investiture, se rendaient à son bureau rue de Bénouville. Il en était de même pour bien des responsables ministériels dans les domaines économique et financier, européen ou international, qui se devaient de prendre les conseils du « président Giscard d'Estaing ».

De même Jacques Chirac cultiva-t-il son aura, notamment par les événements organisés par sa fondation. Il me demandait à chaque visite que je lui rendais si je suivais toujours le Liban dans mes fonctions de président de l'Autorité des marchés financiers (AMF) ou de directeur général de la Caisse des dépôts. Chacun se souvient comment, en 2012, en Corrèze, il avait intronisé François Hollande comme son successeur à l'Élysée.

Quant à Nicolas Sarkozy, il se montre toujours très actif depuis la fin de son mandat, même après son échec à la primaire de la droite en 2016. Il rencontre très vite Emmanuel Macron, dont il devient proche. Il le conseille régulièrement, que ce soit sur le choix des Premiers ministres et des membres du gouvernement, ou sur les liens qu'il doit tisser avec sa propre famille politique. Il le soutient quasi officiellement en 2022 en refusant d'apparaître auprès de la candidate LR (Les Républicains) Valérie Pécresse. Depuis 2024, pour l'avoir rencontré, je sais qu'il a pris ses distances avec Emmanuel Macron notamment parce qu'il n'a pas admis la dissolution pour laquelle il n'a pas été consulté. Il juge son choix trop personnel et doute désormais de sa capacité à redresser un pays qu'il a rendu ingouvernable.

Le dynamisme et la volonté de Sarkozy demeurent intacts, voire impressionnants au regard des épreuves judiciaires qu'il subit. Il dîne même, le soir de la cérémonie de réouverture de Notre-Dame, avec François Hollande, en compagnie de leurs épouses respectives, dans une très bonne ambiance, confie-t-il. S'il n'y avait ses troubles judiciaires, je suis certain qu'il continuerait à courir après la présidence et que son punch, sa lucidité, sa finesse de jugement séduiraient encore les Français.

François Hollande demeure aussi dans la course. Après avoir renoncé à se présenter en 2017, il a continué à présider le pays de façon très active jusqu'à la dernière seconde, avec le soutien de son Premier ministre Bernard Cazeneuve. Pour le secrétaire général et ses collaborateurs, le rythme de travail demeurait identique et nous étions priés avec le gouvernement de présenter des mesures nouvelles, de préparer sommets et déplacements, et de maintenir une communication active.

Emmanuel Macron a-t-il tenu à distance et même dénigré son prédécesseur ? Cela n'a pas empêché celui-ci de conserver une activité internationale et européenne intense. Afin d'entretenir un contact fort avec le terrain corrézien, il y habite désormais. À l'échelon national, il se bat pour imposer une force sociale-démocrate libérée de l'ultra-gauche. Il reste que le coureur de fond, dès lors que l'objectif est fixé – le retour au pouvoir –, voit grand et loin, François comme les autres.

9.

On écrit (beaucoup) au chef de l'État

On court après le président. On lui écrit aussi. De partout et surtout de l'Élysée même.

Parce que l'augmentation des moyens de communication permet de répondre au plus vite aux réactions de l'opinion publique, parce que le rythme de production des textes législatifs ou réglementaires est de plus en plus soutenu et parce que le quinquennat offre une durée d'action limitée. Mais aussi en raison de l'emprise européenne, plus forte qu'auparavant, et de l'émergence de risques internationaux beaucoup plus déstabilisants que par le passé : tous ces facteurs produisent un effet d'entonnoir en direction du bureau du président. Le chef de l'État est destinataire d'un nombre toujours accru de notes. Un phénomène qui s'est encore accentué ces dernières années.

Pour autant, il convient de distinguer les notes qui remontent directement au président de celles qui sont relayées par les conseillers de l'Élysée. Ce sont surtout les secondes dont le nombre a progressé très sensiblement.

L'aggravation de l'instabilité internationale, entre le Proche-Orient, l'Ukraine, les désordres sur le continent africain, justifie que le nombre de documents classés secret-défense, de rapports de la DGSE (direction générale de la Sécurité extérieure) ou de télégrammes diplomatiques reçus et lus par le chef de l'État se soit sensiblement accru.

De même, le développement du terrorisme a conduit à accroître la fréquence des conseils de défense, réunis de manière hebdomadaire, et à les élargir au combat contre les crises sanitaires les plus graves telles que le Covid-19.

Bien sûr, la personnalité et le tempérament du président influent de manière significative sur cette inflation de notes ou de communications diverses.

Certains locataires de l'Élysée, comme Nicolas Sarkozy, préféraient de loin les contacts oraux aux procédures écrites. François Hollande pour sa part voulait relire tous les discours qu'il devait prononcer, quelle que soit leur importance, et s'employait bien sûr à corriger tout document soumis à sa signature.

Nous savons qu'Emmanuel Macron a encore amplifié le phénomène. Il exige d'être informé de toute mesure de détail ou de toute nomination, même la plus subalterne, et de donner pour chacune ses observations. Étant donné que le nombre de nominations qui relèvent du président de la République est plus élevé que nulle part ailleurs, il ne faut pas s'étonner du temps que prennent parfois certaines d'entre elles, qu'il s'agisse du ministre de l'Intérieur (dont le poste est resté vacant près de deux semaines entre la mission de Gérard Collomb et la nomination de Christophe Castaner à l'automne 2018) ou du président de l'Institut du monde arabe, où il a fallu attendre plus de six mois pour finalement apprendre que Jack Lang... se succédait à lui-même, fin 2023. Tout ça pour ça...

La multiplication des notes

D'autres facteurs contribuent à la multiplication des notes destinées à la présidence de la République. Ainsi, le dossier du conseil des ministres, qui se tient en général le mercredi matin, comporte-t-il trois parties : A, B et C.

La partie A, qui contient les projets de lois et de décrets, est paradoxalement celle qui prend le moins le temps. Les tenants et aboutissants de tous les textes ont été vus lors de ce qu'on appelle les réunions interministérielles, puis visés par l'Élysée, et il est trop tard pour les modifier.

Le seul contre-exemple dont j'ai été le témoin, lorsque j'étais secrétaire général de l'Élysée, concerne la rivalité entre le chef du gouvernement Manuel (Valls) et Emmanuel (Macron), alors ministre de l'Économie. Le premier voulait couper les ailes du second, qui entendait de son côté donner son nom à une loi « Macron 2 » qui compléterait la première, afin de moderniser la France par plus de flexibilité.

Manuel avait pris les devants et convaincu mon ami François qu'il convenait de découper ce projet de loi « Macron 2 » en plusieurs tranches, dont certaines seraient attribuées à d'autres ministres : Myriam El Khomri pour le volet travail, Marisol Touraine pour la transformation du système de santé et la répartition des médecins sur le territoire afin de faire face à la pénurie.

Emmanuel, évidemment, n'était pas d'accord avec cette option. Il était même furieux mais il s'est tu car il a compris très vite qu'il avait perdu la partie. C'est d'ailleurs, à mes yeux, une des raisons de son éloignement et de son départ. La loi dite « Macron 2 », qui n'a finalement jamais vu le jour, avait été portée par le ministère de l'Économie depuis plus d'un an. Quand un ministre cède sur un projet de loi travaillé de longue date, les fonctionnaires de Bercy considèrent que ce n'est pas acceptable. Ils dénient donc ouvertement toute autorité au ministre victime d'un tel camouflet.

La partie B du conseil, qui concerne notamment les nominations, est également vite examinée. Les détails ont été réglés le lundi par le secrétaire général de l'Élysée et celui du gouvernement, puis présentés au chef de l'État le lundi soir, après avoir été revus par le Premier ministre. Si certaines dispositions déplaisent au président, elles sont retirées de l'ordre du jour.

Un des rares arbitrages rendus « en temps réel », juste avant le conseil des ministres, entre François Hollande et Manuel Valls, concerna la nomination d'Odile Renaud-Basso, qui était en concurrence, en juin 2016, avec plusieurs candidats pour le poste de directrice générale du Trésor, jamais occupé par une femme jusqu'alors.

La partie C, en revanche, pouvait durer des heures si l'on ne parvenait pas à contenir l'ardeur des ministres, des ministres délégués et surtout des secrétaires d'État. C'est dans ce troisième temps que les membres du gouvernement présentent des « communications » destinées à montrer toute l'efficacité de leur action et à le faire savoir au président. L'enjeu est encore plus important pour les secrétaires d'État, qui ne participent pas au conseil des ministres sauf si un des sujets abordés concerne leur champ d'action... Une des secrétaires d'État dans le gouvernement d'Édouard Philippe multipliait ainsi les communications sur toutes sortes de sujets en lien avec son portefeuille, pour être sûre d'être conviée au conseil des ministres. Pour ma part, quand j'étais chargé des Affaires européennes durant le mandat de Nicolas Sarkozy, j'y ai participé chaque semaine parce que l'Europe est un sujet transversal, d'une part, et que la France occupait la présidence tournante de l'Union, d'autre part.

En revanche, je n'ai pas observé, dans mes différentes fonctions, d'inflation de notes transmises directement au président par les ministres eux-mêmes, les entretiens en tête-à-tête demeurant pour les plus importants d'entre eux le vecteur essentiel de contact avec le chef de l'État.

Car le rite obéit à des règles précises ; lorsque j'étais secrétaire général de la présidence de la République, je transmettais ainsi la plupart des notes des conseillers au président, en y ajoutant mes observations ou recommandations. De même, je lui rendais compte par écrit ou oralement de mes entretiens avec les ministres, les parlementaires ou les personnalités rencontrées.

La remise de notes diplomatiques ou politiques au président est systématique car elles concernent son engagement personnel. En revanche, le secrétaire général se doit de trier les notes des différents conseillers afin de ne pas noyer le chef de l'État, surtout lorsqu'il est soumis à des agendas internationaux denses ou qu'il doit faire face à une pression politique importante sur le plan intérieur. Lors des réunions de cabinet du vendredi, nous passions des commandes à chaque conseiller thématique et ajournions aussi certaines demandes.

Le filtrage des notes ne relève pas du seul secrétaire général. Le directeur de cabinet, en grande partie responsable de l'agenda, le secrétaire général adjoint pour les questions économiques et sociales ainsi que le conseiller diplomatique y participent aussi.

Le lien direct le plus fort et le plus discret avec le chef de l'État concerne deux personnages : le chef d'état-major particulier et le directeur des services secrets. Toutefois, en fonction de la confiance qu'il inspire et de sa proximité avec le président, le secrétaire général de l'Élysée entretient des contacts informels avec ces représentants de la défense nationale.

En définitive, la hiérarchisation des notes rédigées par les conseillers apparaît d'autant plus importante qu'au cours des dernières décennies le personnel des cabinets à l'Élysée mais aussi à Matignon et dans les différents ministères n'a cessé de croître, en dépit des annonces de réduction d'effectifs sans cesse renouvelées.

En pratique, et au vu des résultats de l'action gouvernementale, il faut bien reconnaître que ce filtrage des courriers adressés au chef de l'État gagnerait parfois à être plus sélectif.

10.

Nos rois n'ont pas tous le même pouvoir

Nous croyons toujours être commandés par un seul chef à la tête de l'État. Cela résulte de notre histoire considérant que la monarchie ne saurait être qu'absolue. Or, tous nos rois n'ont pas le même pouvoir.

À ce stade, un peu d'histoire s'impose. Ainsi, avant Charlemagne, le roi n'était qu'une façade. La vraie puissance relevait des « maires du palais ». D'eux dépendait tout, y compris l'armée. C'est à l'un d'entre eux que nous devons le sauvetage du royaume face à l'invasion sarrasine (le terme désignant à l'époque la population des pays arabes ou occupés par eux), grâce à la grande victoire de Poitiers en 732.

Puis, pendant plusieurs siècles, les monarques, à quelques exceptions près (Philippe le Bel, Louis XI, Henri IV), ne disposent pas de tous les pouvoirs, loin de là. Il faut attendre Louis XIV après la Fronde pour connaître l'absolutisme royal. Il ne dure d'ailleurs que cent ans. La faiblesse de Louis XVI et la Révolution y mettent fin.

La France connaît certes, par la suite, des dirigeants impérieux, de Napoléon à Clemenceau, mais notre

République repose sur le partage et l'indépendance des pouvoirs.

Le balcon de l'Élysée

Aussi, lorsque nous rendons le président responsable de tous nos bienfaits et surtout de toutes nos frustrations, nous nous trompons. Mon expérience m'a montré que la France ne peut être dirigée depuis le seul balcon de l'Élysée.

D'abord, le président en exercice ne saisit pas toujours les mouvements ou les changements d'humeur qui traversent le pays. Comme me l'a appris Nicolas Sarkozy, ce n'est pas la stabilité qui nous guide. Même Charles de Gaulle et Georges Pompidou ne virent pas Mai 68 survenir. François Mitterrand ne comprit l'ampleur des manifestations pour défendre l'école privée qu'après plusieurs mois. Jacques Chirac fut à deux reprises surpris par les manifestations provoquées par ses réformes sociales, notamment en 1996 et en 2006. François Hollande ne s'attendait pas à une contestation aussi ample du mariage pour tous. Emmanuel Macron, lui, porté par une vague populaire en 2017, n'a pas perçu la montée du mécontentement incarné par les Gilets jaunes dans la France profonde à la suite des mesures prises pour limiter la vitesse à 80 kilomètres-heure et pour instaurer une taxe écologique sur les carburants. De même a été sous-estimée l'ampleur des manifestations contre la hausse de l'âge du départ à la retraite à soixante-quatre ans.

Indépendamment du manque de sensibilité envers bien des réactions du peuple, la crise agricole en étant le dernier exemple, la France ne peut être dirigée comme une monarchie républicaine car les citoyens veulent tout simplement conserver une part de pouvoir. Plus récemment, ils ont montré qu'ils n'étaient pas effrayés par l'instabilité politique. Après avoir (presque) toujours donné une majorité absolue au président dans le sillage de son élection, ils ont enfreint cette règle en 2022. Une manière comme une autre de signifier au chef de l'État qu'il doit composer avec eux, avec les contre-pouvoirs ou les corps intermédiaires, si négligés jusque-là.

Pour l'avoir vécu, je peux assurer que la France est beaucoup plus dirigée par Matignon que par l'Élysée, en période de cohabitation mais pas seulement. Ainsi, entre 1986 et 1988, j'observe depuis mon poste à la direction de la Législation fiscale que Jacques Chirac, Édouard Balladur et Alain Juppé, alors ministre du Budget, modifient à leur gré la fiscalité sur les ménages et sur les entreprises, mise en œuvre par la gauche depuis 1981. Entre 1993 et 1995, alors à la Commission européenne auprès de Jacques Delors, je constate que les principales pressions sur les politiques à conduire depuis Bruxelles émanent de Matignon. Les demandes se font insistantes, à l'époque, pour que les aides substantielles accordées par l'État à Air France échappent aux règles drastiques qui punissent les entraves à la concurrence.

Bien sûr, c'est auprès de Lionel Jospin Premier ministre que j'ai pris le mieux conscience du rôle essentiel de Matignon en période de cohabitation. Des 35 heures aux orientations économiques et financières, tout dépendait du chef du gouvernement et de son directeur de cabinet, Olivier Schrameck, qui tenait véritablement le rôle de vice-Premier ministre. Pour ma part, j'étais chargé de tout ce qui avait trait aux privatisations partielles de Renault et de France Télécom (devenu Orange), de la prise de contrôle de Total sur Elf ou encore de la manière dont la BNP prit l'avantage sur la Société générale pour détenir Paribas. La coopération avec Bercy était totale et transparente, tandis que les interventions de l'équipe économique en place à l'Élysée, menées par Jean-François Cirelli, n'étaient pas légion.

De même, la mise en œuvre du quinquennat, communément attribuée à Jacques Chirac, a suivi un cheminement plus complexe. Cette réforme institutionnelle déterminante est née dans l'esprit d'Olivier Schrameck, avant que le président ne s'en empare.

Lionel Jospin était également présent sur la scène européenne. Il recevait en tête-à-tête le Premier ministre britannique Tony Blair et le chancelier allemand Gerhard Schröder. Ensuite, comme directeur du Trésor, j'ai vu le rôle actif joué par Lionel Jospin pour accompagner de très près la signature du traité de Nice qui, à cette époque, complétait celui de Maastricht.

Aujourd'hui, nous percevons que, faute de majorité, le président dirige moins le pays, certains sujets de politique étrangère mis à part. En caricaturant à peine la situation qui prévaut depuis 2022 et surtout depuis l'été 2024, nous pourrions soutenir que la France est en train de passer d'un régime présidentiel à un régime parlementaire, dominé par les partis.

Si l'on considère le budget 2025, adopté dans la douleur, l'intervention la plus marquante du président a consisté à épargner les dotations du ministère des

Sports, au nom des serments prononcés au moment des Jeux olympiques ! Sinon, Emmanuel Macron assiste à la remise en cause de sa politique fiscale à l'égard des grandes entreprises. Le Parlement redevient maître de cet acte politique fondamental qu'est le budget, que ce soit dans les discussions en commission mixte paritaire, dans les tractations entre partis ou comme toujours dans le vote final.

Quant à la réforme des retraites qu'il voulait préserver quoi qu'il en coûte, le chef de l'État voit les partenaires sociaux, qu'il avait écartés, reprendre la main[1]. Pour le reste, ce sont les différents départements ministériels qui gèrent les grands enjeux du quotidien.

La fausse toute-puissance

D'ailleurs, même dans les périodes où le président dispose de la majorité absolue, il n'en est pas pour autant tout-puissant. Ses équipes, je peux en témoigner, ne voient pas tout, parce qu'elles sont concentrées sur la mise en œuvre ou plutôt la définition des projets du mandat. Hormis lors des déplacements effectués sur le terrain, il est très difficile de mesurer quelles sont les interrogations, les inquiétudes et les espérances de nos concitoyens. Certes, le président et ses collaborateurs sont pleinement engagés. Certes, nombre d'informations remontent jusqu'à l'Élysée,

1. Même si le Premier ministre a réaffirmé que l'âge du départ à la retraite fixé à soixante-quatre ans ne serait pas modifié.

via les notes des préfets ou d'autres administrations. Certes, vous suivez l'actualité, mais vous ne disposez pas de suffisamment de temps, d'attention ou de volonté pour bien connaître tous les aspects de la vie quotidienne du pays.

Selon la personnalité du président et du secrétaire général, le mot d'ordre est à la fois de tout voir, d'entrer dans le détail et/ou de requérir des comptes rendus précis. Beaucoup de présidents l'exigent et, selon ce que je sais, c'est encore plus vrai sous ce mandat. Toutefois les relais sont si nombreux, les niveaux hiérarchiques si complexes, les procédures si longues qu'il est impossible de savoir comment, sur le terrain, telle ou telle politique impulsée par l'Élysée est appliquée... si toutefois elle l'est !

Or, quand on ne maîtrise pas l'application des textes, quand on n'en mesure pas les résultats, alors il est impossible de prétendre que l'on dirige le pays.

Bien sûr, les journées se passent à prendre des décisions, mais ce sont les administrations ou les collectivités locales qui les mettent en œuvre. Aussi, il est illusoire, sinon dangereux, pour un chef d'État, sous la Ve République, de prétendre être capable de tout décider, car une telle attitude accroît le décalage entre les attentes des Français et les résultats perçus. Il ne faut pas s'étonner, dès lors, de la montée de la défiance à l'égard de l'élite politique et des attentes extrêmes qui en découlent.

Diriger la France d'un seul endroit, d'une seule voix, relève donc du mythe. Au sommet de l'État, on aime croire que l'on est en mesure de tout ordonner mais c'est une illusion. Une illusion entretenue par un certain entre-soi et une certaine image – fausse – de la manière dont gouvernait le Général. Le président consulte ses amis politiques de façon plus ou moins régulière selon sa personnalité. Mais la vérité est qu'il ne rencontre pas ses ministres, connaît à peine certains d'entre eux et en change souvent.

Enfin, j'ai observé auprès de François (Hollande) et d'autres présidents combien l'agenda international prend de temps entre visites, sommets, réceptions, négociations… Seule la moitié de leur emploi du temps peut en vérité être consacrée à la gestion des problèmes franco-français.

C'est toutefois en période de grave crise que l'Élysée retrouve toute sa puissance de frappe pour protéger le pays. La gravité de la situation politique actuelle et la dangerosité croissante de notre environnement suffisent à justifier l'existence d'un pouvoir fort.

Mais les successeurs du Général en sont-ils tous convaincus ?

11.

« Emm… les Français », mode d'emploi

L'anecdote est célèbre. Un soir de 1966, Georges Pompidou est assis à son bureau à l'hôtel Matignon. Un chargé de mission frappe à la porte, entre et tend au chef du gouvernement un épais parapheur, rempli des décrets du jour à signer. À la vue de cet objet du quotidien, Georges Pompidou s'enflamme : « Mais arrêtez donc d'emmerder les Français. Il y a beaucoup trop de lois, trop de règlements dans ce pays ! » C'est le jeune haut fonctionnaire, porteur du parapheur, qui raconte l'histoire. Il s'appelait Jacques Chirac.

Le temps qu'il accède à l'Élysée, vingt-neuf ans plus tard, et le nombre de lois et de décrets, que nul n'est censé ignorer, avait quasiment doublé.

S'il n'y avait « que » ces textes ! Depuis Georges Pompidou, et même depuis Jacques Chirac, ce sont les structures administratives qui se sont multipliées. En plus de l'Ademe (rebaptisée « Agence de la transition écologique »), le secteur de l'environnement compte plus de vingt agences. Le parcours du combattant pour obtenir une aide afin de remplacer sa chaudière au fioul en décourage plus d'un et MaPrimeRénov', dispositif destiné à faire des économies d'énergie dans sa résidence principale, a changé ses règles d'attribution des subventions trois fois au cours de la seule année 2024. Après sa suspension en juin 2025, elle doit être réaménagée !

Prolifération administrative

Pour résumer, plus l'exécutif rétrécit en termes de prestige et d'autorité, plus gonfle le nombre de structures inutiles ou redondantes (ou le contraire). Et ce n'est pas tout. La France a eu six Premiers ministres en sept ans, sept ministres de la Santé, presque autant de ministres de l'Éducation... Dans le même temps, les conseillers peuplant les cabinets ministériels ont proliféré. Si bien que les administrations sont parfois elles-mêmes perdues entre des ministères qui changent souvent de périmètre et de titulaire, tel celui de l'Énergie et de l'Environnement. Ainsi, alors qu'il existe dans chaque département une direction de l'Agriculture, seul un tiers des mesures prises en faveur des agriculteurs sont mises en œuvre par ce canal.

Autre facteur d'opacité : celui des multiples tutelles. Le commerce extérieur, qui demeure lourdement déficitaire, est chapeauté à la fois par la direction du Trésor à Bercy, par le Quai d'Orsay et par le ministère de l'Agriculture. Et il dépend de plusieurs agences ou institutions financières, qui se trouvent dans une forme de compétition rarement stimulante, parfois contre-productive. Il y a Business France pour la représentation commerciale à laquelle il faut ajouter la Banque publique d'investissement pour les crédits export et l'Agence française de développement (AFD) pour l'interface avec l'Afrique et les autres pays en voie de développement. Comment imaginer que les entrepreneurs, et leurs salariés, puissent s'y retrouver ? Les parlementaires ne peuvent pas non plus surveiller en toute transparence notre activité économique avec le reste du monde. Ce trop-plein ne dope pas notre compétitivité, il la bride au contraire. Il apporte de la complexité et participe au gonflement des dépenses de fonctionnement de l'État qui alimente le déficit budgétaire, accroît la dette publique et réduit les marges de manœuvre de la France.

Il en résulte un manque d'engagement politique, une motivation insuffisante de nos élus, des réponses lentes et complexes adressées tant aux fédérations professionnelles qu'aux associations de consommateurs.

Nous en sommes arrivés à un tel point que, sur ces enjeux comme sur d'autres, les acteurs économiques et sociaux échangent de manière plus fluide et plus constructive avec les commissions du Parlement européen qu'avec celles de l'Assemblée nationale…

Même prolifération dans le domaine de la santé, où les agences régionales de santé (ARS) ne se sont pas substituées mais ajoutées aux instances administratives qui existaient avant elles. Les médecins, les pharmaciens ne se font pas prier pour regretter le temps que la paperasserie soustrait à leur temps de travail, dans un contexte où ils sont déjà trop peu nombreux pour faire face à la demande de soins de nos concitoyens. Tout patient qui a dû avoir recours à un moyen de transport sanitaire sait combien la procédure de remboursement est éprouvante. Toute personne qui a eu besoin d'un accès rapide à des soins hospitaliers sait à quoi ressemblent, chez nous, les urgences, surtout en période d'été : une attente interminable dans une salle ou sur un brancard dans un couloir ; un tri sélectif impitoyable pour permettre au service de se débarrasser au plus vite des cas les moins graves ; un risque de trouver porte close, surtout la nuit, quand on habite en province… Selon une étude de la direction des hôpitaux, les patients passent en moyenne plus de cinq heures à attendre. Vous avez dit urgences ?

Un système au bord de la paralysie

Dans le secteur de la sécurité, les maires sont intarissables sur l'absence de coordination entre polices municipale et nationale. Dans celui de la culture, le président a souhaité, à juste titre, favoriser l'accès des plus jeunes à la lecture, au théâtre, aux musées… Mais cette initiative s'est soldée par un échec. Malgré un effectif de plus de 170 personnes, une masse salariale de 11 millions d'euros, un budget de 300 millions d'euros (contre moins de 100 en 2018), un loyer annuel de plus de 1 million d'euros pour un immeuble situé rue La Boétie à Paris, le Pass culture a raté son objectif. Il est activé par les jeunes issus des milieux les plus favorisés et n'est utilisé qu'à 2 ou 3 % pour accéder aux musées ou aux spectacles vivants. Preuve que la volonté présidentielle la mieux inspirée peut se trouver dévoyée par telle ou telle structure…

Face à cette situation, il a été décidé de réduire de moitié le montant alloué à ce Pass culture. Une étrange demi-mesure !

Autre exemple : celui de l'Éducation nationale. Les Français se plaignent régulièrement des professeurs absents et des classes surchargées. Un reproche corroboré par les statistiques de l'Europe ou de l'OCDE pour le second point, puisqu'elles montrent que le nombre d'élèves par enseignant à l'école élémentaire (22) et au collège (26) est, contrairement au discours dominant, nettement supérieur à la moyenne des autres pays. Or, nous bénéficions en théorie de 852 000 enseignants pour 12 millions d'élèves, soit un ratio de 13 élèves par enseignant. Cherchez l'erreur ! Elle réside tout simplement dans le nombre impressionnant d'enseignants qui n'enseignent pas, parce qu'ils officient dans les rectorats, dans les inspections d'académie ou encore... au ministère, rue de Grenelle ! Au total, le nombre de fonctionnaires de l'Éducation nationale demeure inchangé alors que le nombre d'élèves diminue année après année, en raison de l'évolution démographique. Pour régler ce problème lancinant, le président apparemment est tout à fait impuissant.

À toutes ces difficultés que j'ai moi-même constatées au fil de ma carrière, s'ajoute la complexité des relations et des répartitions de compétences qui caractérise la coexistence, sur tout le territoire, entre des administrations déconcentrées et décentralisées, que ce soit pour l'économie, la santé, l'éducation, les questions agricoles, sans oublier le logement et l'équipement.

En vérité, le président n'en est pas toujours conscient, mais élus locaux et citoyens ne savent plus à qui s'adresser pour obtenir tel ou tel droit, remplir telle ou telle obligation. C'est en soi un scandale. Lors du grand débat qui a suivi l'agitation des Gilets jaunes, nombre d'élus et de responsables associatifs ont ainsi découvert, effarés, la bureaucratie nouvelle née des intercommunalités, plus particulièrement lorsque celles-ci sont très larges. Certaines peuvent regrouper jusqu'à une quarantaine de communes et 50 000 habitants. Comment trouver l'interlocuteur qui peut instruire un dossier de logement ou une demande d'investissement sur un terrain pour un entrepreneur ?

Pour ne rien arranger, les préfets éprouvent mille tracas lorsqu'ils tentent de coordonner les différentes strates du millefeuille politico-administratif.

Il reste à espérer que les compétences des régions dans le domaine du développement économique permettront d'améliorer la localisation d'activités en province. L'augmentation encore insuffisante des maisons France services (une des rares réussites de ces dernières années) et des bus de desserte locale devrait permettre à nos concitoyens les plus éloignés des centres administratifs de remplir plus facilement les nombreuses formalités auxquelles ils sont de plus en plus confrontés.

Dans ces conditions, l'existence de corps intermédiaires (politiques, économiques, professionnels ou syndicaux…) s'avère déterminante. Ils existent et s'affirment sur tous les territoires pour relayer les demandes des usagers, des artisans, des commerçants, des petites entreprises ou de leurs salariés. Ils sont pourtant peu écoutés au sommet de l'État. En raison de la brièveté de leur mandat, les ministres (et la plupart des Premiers ministres) ne nouent que très peu de relations avec les corps intermédiaires, et se trouvent ainsi constamment coupés des réalités que chacun connaît, hélas !

Cela explique que cette France d'en bas ait le sentiment de n'être écoutée par personne.

12.

Président des oligarques

Avec le général de Gaulle, la France a découvert, en 1958, un État fort et un président puissant. Pendant longtemps, l'économie a été largement dirigée, que ce soit par le biais du contrôle des prix, en vigueur jusqu'en décembre 1986, ou en pesant sur le périmètre des entreprises publiques. Et cela dans un monde protégé où l'Occident régnait face aux pays communistes ou aux pays en développement, comme la Chine, l'Inde ou le Brésil.

Six décennies plus tard, l'étendue du secteur public s'est considérablement réduite, et la puissance présidentielle s'appuie désormais sur une oligarchie d'État pour tenter de peser sur les rouages des grands groupes privés. Ainsi énarques et polytechniciens, grands corps du Conseil d'État, de l'inspection des Finances et de la Cour des comptes se partagent-ils avec le corps des Mines les plus hauts postes. Quelques journalistes plus ou moins proches du pouvoir se veulent influenceurs ou contre-influenceurs.

Ce petit monde, en tout cas, est bien éloigné des préoccupations quotidiennes des Français, qui trouvent une compensation dans le principe de redistribution à la française : celui-ci, à défaut d'organiser un partage du pouvoir, tente de réaliser celui de la richesse, limité certes mais supérieur à la majorité des autres pays de l'OCDE.

Vaille que vaille, ce modèle français a survécu jusqu'au début du XXIe siècle.

Toutefois, depuis vingt ans, une oligarchie privée ne cesse de se développer aux côtés de cette noblesse d'État. De grands champions français, de Total à LVMH, relèvent de la propriété privée. Dans le même temps, de nouveaux empires technologiques, venus des États-Unis mais aussi de Chine, gouvernent nos vies, à commencer par celles des générations les plus jeunes. Nous ne pouvons plus vivre sans Apple, Google, Meta, Amazon, TikTok, X. Des avatars de présidents, reçus comme de vrais chefs d'État, apparaissent, tel Elon Musk. Tout le monde se souvient de l'accueil qui lui a été réservé lors de la cérémonie de réouverture de Notre-Dame fin 2024. Il a montré l'ampleur de ses talents lors des premiers pas de Trump, avant de rentrer à nouveau dans l'ombre, après quelques semaines de déclarations féroces visant son ancien ami Donald.

L'intelligence artificielle remplace l'intelligence politique.

Les interventionnistes

Dans ce contexte, il est à craindre que nos présidents aient de plus en plus de mal à s'imposer face à des oligarques incarnant une nouvelle puissance.

Depuis près de dix ans, ceux-ci sont de tous les congrès organisés à Paris ou ailleurs pour les investisseurs. Ils participent à tous les déplacements présidentiels à l'étranger, et il n'est pas de grand dîner d'État qui soit donné sans eux. Pas non plus de promotion de la Légion d'honneur qui leur échappe.

Certains deviennent très proches, voire confidents, du président de la République : François Pinault avec Jacques Chirac, Martin Bouygues avec Nicolas Sarkozy, Marc Ladreit de Lacharrière avec François Hollande et, bien sûr aujourd'hui, Bernard Arnault avec Emmanuel Macron.

Insensiblement, ce sont eux qui deviennent les véritables représentants de la France à l'étranger. Ainsi Bernard Arnault a-t-il assisté à l'investiture de Donald Trump sous la coupole du Congrès à Washington. Et Patrick Pouyanné, le PDG de Total, a été l'un des quatre dirigeants d'entreprise invités à dialoguer avec le même Donald Trump, qui intervenait au Forum économique mondial de Davos via un entretien vidéo fin janvier 2025.

Depuis 2017, nous dépensons « quoi qu'il en coûte » pour soutenir leur activité, nous servons une politique de l'offre en supprimant ou en abaissant fortement la fiscalité sur le patrimoine, quitte à maintenir les inégalités à un niveau élevé. Notre système politique, de surcroît, dépend largement de médias devenus, au fil des ans, leur propriété.

Dans le même temps, cette oligarchie devient, de nos jours, plus politique. Bernard Arnault, Patrick Pouyanné, mais aussi les présidents de Michelin ou de Renault n'hésitent plus à exprimer publiquement leur colère face aux risques d'instabilité politique ou à l'augmentation de la fiscalité, ce en quoi ils sont parfaitement légitimes. Comme tout citoyen !

Devant la remise en cause d'avantages dont certains répondent effectivement à l'intérêt général comme le crédit d'impôt recherche, ils dénoncent, non sans raisons, l'absence de réduction structurelle des dépenses publiques. Ils affirment qu'avec le déficit budgétaire actuel de la France (encore supérieur à 5,5 % du PIB en 2025), avec une dette publique plus élevée que notre richesse nationale, une politique devenue illisible pour la plupart de nos partenaires, nous subirons d'ici à deux ans une réaction aussi rigoureuse que celle qu'ont connue en leur temps le Portugal ou la Grèce, avec des marchés financiers qui risquent de perdre confiance non seulement en l'État français mais aussi en la solidité des grands groupes privés.

Selon Bernard Arnault, qui garde son esprit critique, nous connaîtrons une stagnation des investissements accompagnée de délocalisations d'activités, surtout en raison des nouveaux avantages attractifs accordés par les États-Unis. L'explosion des normes nationales et européennes n'arrange rien. Observant, à l'automne 2024 et à l'hiver 2025, lors de l'élaboration en catastrophe du budget, que seules les tractations entre partis conditionnent les mesures à venir, l'oligarchie économique s'est vue réduite à subir ce choix cornélien entre instabilité politique et dégradation durable des finances publiques.

Ces appels à plus de continuité ont eu le mérite de réveiller la conscience budgétaire du président, quelque peu éteinte ces dernières années. Il a ainsi recommandé pour la première fois début 2025 au gouvernement et à la fragile majorité qui le soutient de faire preuve de sagesse dans les dépenses. Cette réaction présidentielle nouvelle est peut-être le meilleur indicateur de l'influence croissante des oligarques sur le débat public.

Au fil des ans, cette oligarchie compte parfois davantage à nos yeux comme à ceux des dirigeants et des commentateurs étrangers que le chef de l'État en personne. Au sens étymologique, le chef de l'État s'apparente de plus en plus à un VRP de luxe, parcourant le monde au service de nos grands patrons. Une comparaison qui va peut-être faire hurler certains, mais bien à tort ! Dans le même temps, nous nous sommes employés à affaiblir l'élite publique en la rendant responsable des révoltes populaires comme celle des Gilets jaunes. On a supprimé l'ENA et, du même coup, on attire moins de jeunes talents vers la fonction publique. Était-ce le but recherché ? Qu'espère-t-on ?

Cela commençait comme une fable de La Fontaine et cela s'achève à la façon de Cioran !

13.

Les lois contre le gouvernement

C'est dans ce contexte qu'intervient l'inflation législative et normative que chacun peut constater.

Le Premier ministre, on l'a dit, est capital sous la Ve République. Car, dans l'ombre du président, c'est bien lui qui, par les réunions interministérielles organisées sous son autorité, dirige autant qu'il est possible l'action administrative. Autant qu'il est possible car depuis vingt ans, l'inflation de lois superposées, de normes en tout genre, décrets, circulaires... sape l'efficacité gouvernementale, sévèrement encadrée par ailleurs par des juges – administratifs et constitutionnels – toujours plus interventionnistes.

Ainsi des procédures limitant la possibilité de faire exécuter les OQTF, ces obligations de quitter le territoire français qui s'adressent à des étrangers en situation irrégulière et/ou auteurs de faits délictueux commis sur le territoire. Plus les Français réclament de la fermeté dans le contrôle de l'immigration, plus le gouvernement a les mains liées sur ce sujet. Et cela ne date pas d'hier. En 2003 déjà, le gouvernement, avec son ministre de l'Intérieur, Nicolas Sarkozy, avait restreint le champ de la « double peine ». Puis en décembre 2008, à la fin de la présidence française de l'Union européenne, est adoptée une directive qui restreint les mesures d'éloignement des étrangers d'un pays européen.

Que ce soit par des décisions gouvernementales ou par des directives européennes, il appartient désormais principalement aux juges de considérer si l'obligation de quitter le territoire français pour un étranger condamné ou qui provoque un trouble à l'ordre public s'applique ou non. Début 2025, cette impuissance de l'État s'est manifestée avec l'interdiction d'expulser un influenceur algérien qui tenait des propos haineux sur les réseaux sociaux.

Sur ces enjeux de sécurité et d'identité qui imprègnent de plus en plus notre société, il est évident que l'influence présidentielle est fortement limitée par des décisions législatives ou réglementaires, mais aussi par des règles européennes qui finissent tôt ou tard par s'appliquer à notre pays.

Sous le mandat de François Hollande, Manuel Valls dirigeait largement l'action du régime, contraignant même le président à refuser certains projets de loi, tel celui proposé par Emmanuel Macron sur la modernisation économique. Ce veto a entraîné la démission de l'intéressé… avec les conséquences que l'on connaît.

Le pouvoir de nommer et… de révoquer

Lors de la crise du Covid-19, en 2020-2021, c'est Édouard Philippe, alors Premier ministre, qui s'est imposé comme le principal combattant aux yeux des Français, proposant, expliquant et adaptant les mesures de confinement. D'ailleurs, c'est en partie parce qu'à cette époque il a pris la lumière que le président a voulu s'en séparer à l'été 2021.

Le vrai pouvoir présidentiel réside donc davantage dans le changement de Premier ministre et de gouvernement que dans le contrôle des administrations. L'expérience montre d'ailleurs que le remplacement d'un Premier ministre est une tâche moins facile qu'il n'y paraît, même quand le chef de l'État dispose d'une solide majorité. En témoigne l'exemple de Nicolas Sarkozy, qui souhaitait promouvoir Jean-Louis Borloo pour l'accompagner dans la seconde moitié de son quinquennat mais qui a dû garder François Fillon jusqu'au bout.

De plus, le président ne peut s'affranchir de la multiplication des compétences décentralisées qui nuisent à l'application instantanée des mesures politiques primordiales. Régions, départements, métropoles, communautés de communes… toutes ces collectivités disposent de compétences et de structures qui rendent peu lisibles et opérationnelles les politiques nationales d'éducation, de santé, de logement ou de transport. De ce point de vue, le pouvoir se révèle beaucoup moins fort en France que dans d'autres démocraties européennes telles l'Allemagne, l'Espagne ou l'Italie, qui tirent leur force d'une répartition très claire des attributions entre grandes régions et pouvoir central.

Paradoxalement, l'ultra-présidentialisme qui s'est développé avec le quinquennat, surtout depuis 2017, a conduit à accroître des contre-pouvoirs pour rétablir une sorte d'équilibre. De plus, à force de se vouloir partout sans toujours respecter les prérogatives des autres acteurs du système, le président s'est désacralisé aux yeux des Français.

Auparavant, le chef de l'État était respecté parce qu'il incarnait pour tous la figure de l'homme d'État, un arbitre situé au-dessus des partis, qui protège nos institutions et notre démocratie. Ainsi, alors qu'en 1986 nombre de ses collaborateurs incitaient François Mitterrand à choisir un Premier ministre avec lequel il aurait, en dépit de la cohabitation, des relations aisées, par exemple Jacques Chaban-Delmas qu'il connaissait bien et appréciait, le président désigna Jacques Chirac, véritable vainqueur des élections législatives qui venaient de se dérouler et qui avaient donné une majorité à la droite. Ce dernier témoigna du même respect des institutions quand, après la dissolution ratée de 1997, il nomma Lionel Jospin à Matignon.

En 2024, après une autre dissolution ratée, Emmanuel Macron agit tout autrement. Il ne se résout pas à demander à la coalition de gauche arrivée en tête de former un gouvernement. Tout au contraire, il se met dans la posture du sélectionneur, alors que la Constitution lui dicte de prendre de la hauteur, et confie les clés du gouvernement à un représentant du parti qui a obtenu l'un des plus faibles nombres de sièges à l'Assemblée nationale. En même temps, c'est vrai, rien ne lui interdit d'interpréter le vote des Français, ce qu'il ne se privera pas de faire.

Les pièges du quinquennat

En raison de ce nouveau contexte, beaucoup d'observateurs politiques considèrent que nous sommes passés d'un régime dominé par un chef de l'État puissant à un nouveau système, de nature parlementaire. Bien des experts en concluent que la Vᵉ République se trouve de ce fait à bout de souffle. D'où les nombreux appels, de provenance variée, à aménager notre Constitution pour qu'elle soit en phase avec ce nouvel ordre politique.

Le président dispose encore de quelques armes pour demeurer au centre de notre vie politique. Ainsi du référendum, auquel l'on a recouru à dix reprises depuis 1958. Mais cet exercice est fort périlleux parce qu'il risque de se transformer en plébiscite, comme le général de Gaulle en a fait la douloureuse expérience en 1969. C'est sûrement pour cette raison qu'aucun scrutin de ce type n'a été proposé aux Français depuis vingt ans. Le dernier en date concernait le projet de Constitution européenne et le « non » l'a emporté.

À la fin de 2015, à la suite des attentats du Bataclan et des terrasses, certains collaborateurs ont proposé au secrétaire général et au président de la République de soumettre à un référendum la déchéance de nationalité. À juste titre, nous avons refusé une consultation populaire sur un sujet aussi controversé, qui plus est dans un contexte aussi douloureux et émotionnel.

Au total, le quinquennat et la concomitance des élections présidentielle et législatives, loin de renforcer la stature d'homme d'État du président, l'ont plutôt diminuée. Cette réforme a conduit le pouvoir exécutif à vouloir agir très vite alors que les administrations vivent toujours au rythme du septennat. D'où la contradiction entre une annonce rapide et une application concrète à court terme. Plusieurs mois sont toujours nécessaires pour que le budget soit mis en œuvre et que les allocations ou crédits votés se trouvent bien utilisés sur le terrain.

Ainsi, plus la durée du mandat présidentiel est courte, plus se renforcent les contre-pouvoirs administratifs, législatifs, judiciaires, sans oublier les autorités et agences indépendantes qui fleurissent dans le pays. Leur permanence, leur tradition d'organisation ou leur indépendance, encore renforcée ces dernières années, mènent de manière quasi mécanique à une distanciation renforcée entre le sommet de l'État et la population.

Rien d'étonnant, donc, à ce que le populisme ne cesse de croître tant nous pensons encore être soumis à un puissant monarque, alors que ses orientations et ses décisions sont de moins en moins lisibles sur le terrain. Malgré les apparences que donnent les réseaux sociaux, les déplacements en province, il n'existe plus de ligne directe entre le souverain et ses sujets. Les rouages intermédiaires de la machine politico-administrative apparaissent comme particulièrement obscurs. Les gouvernements se révèlent toujours plus éphémères. L'idée même de majorité stable semble désormais derrière nous.

Le « momentum »

Pourtant, l'idée d'un être supérieur perdure, tant dans l'esprit du peuple que dans le subconscient du souverain. Il est vrai que celui-ci a dû réussir, pour arriver à l'Élysée, une série d'épreuves de sélection unique en Europe. Il ne suffit pas d'être le meilleur dans son camp. Encore faut-il le faire reconnaître et admettre par les siens et par ses concurrents. Puis il convient de survivre à une longue campagne électorale, d'éviter des chausse-trapes, d'affronter toutes sortes d'épreuves médiatiques, de ne jamais commettre le moindre impair. C'est nécessaire, mais pas suffisant. Comme le dit souvent Nicolas Sarkozy : à la fin, la personnalité qui l'emporte, c'est celle qui avait le plus envie de gagner.

Un parcours ainsi réussi conforte tout nouveau chef de l'État, avec plus ou moins d'intensité selon son tempérament, dans l'idée qu'il est le meilleur. Même, et peut-être surtout si, comme François Mitterrand et Jacques Chirac, il a dû subir des défaites avant de parvenir au sommet.

Se sentir supérieur, c'est aussi se savoir capable de saisir sa chance, de reconnaître ce *momentum.*

Ainsi François Hollande, dès la chute de Dominique Strauss-Kahn, a-t-il compris qu'il devenait le « candidat naturel » de toute la gauche. Il me l'a indiqué par téléphone dès l'arrestation de DSK à New York. Il était convaincu de pouvoir remporter les primaires face à Martine Aubry ou à Ségolène Royal. Il ne se trompait pas.

De même, Emmanuel Macron, qui rêvait d'être président depuis l'enfance, a-t-il choisi de démissionner du gouvernement au moment opportun pour pouvoir devenir le rénovateur de la vie politique française. Connaissant les difficultés judiciaires auxquelles serait confronté François Fillon, il savait que sa personnalité, son enthousiasme et sa séduction pouvaient lui ouvrir les voies du succès.

S'estimer supérieur conduit aussi parfois à l'aveuglement. À prendre des décisions jugées formidables par le principal intéressé alors que son entourage, puis le peuple, puis parfois l'Histoire les considèrent comme des erreurs flagrantes, souvent à juste titre.

Ainsi Charles de Gaulle organise-t-il en 1969 un référendum sur la participation et la décentralisation de l'État qui le conduit à démissionner. Georges Pompidou demande aux Français leur avis sur l'entrée du Royaume-Uni dans la Communauté européenne. Ceux-ci répondent surtout par l'indifférence. Valéry Giscard d'Estaing dédaigne quelque peu Jacques Chirac et perd l'élection de 1981. François Mitterrand prétend s'affranchir de toute réalité économique et laisse se succéder les dévaluations du franc avant de devoir se résigner au tournant de la rigueur en 1983. Ce président ne voit pas non plus monter la colère de millions de Français lorsqu'il laisse se développer les dispositions contre l'école privée avant de devoir renoncer, en 1984. Sa tenace rancœur contre Michel Rocard, qu'il congédie de Matignon en 1991, contribue ensuite à la large défaite de la gauche aux législatives de 1993.

Il en est de même des dissolutions incomprises de Jacques Chirac en 1997 ou d'Emmanuel Macron en 2024. Ou des revirements d'orientation politique opérés à mi-mandat par Nicolas Sarkozy et François Hollande. Mal compris, ces changements ont débouché sur une défaite pour le premier et sur l'impossibilité de se représenter pour le second. Pour François Hollande, il est indéniable que sa fréquentation assidue d'un cercle de journalistes politiques l'amenait à faire des confidences qui l'ont parfois exposé. Cependant, cette familiarité lui a été très profitable sur le plan politique.

Se sentir supérieur, quoi qu'il en soit, constitue l'âme d'un président. Beaucoup y sont encouragés par les circonstances. Après l'élection de 2017, par exemple, aucune personnalité n'ose porter ombrage au chef de l'État. D'où sa volonté, pour que cette situation perdure, de former des gouvernements composés de ministres pour la plupart inconnus des Français et peu susceptibles de laisser des traces dans les mémoires.

Ceux qui ont tenté d'exercer fort légitimement leur influence ou leur pouvoir, tels les Premiers ministres Édouard Philippe ou Gabriel Attal, en ont été pour leurs frais. Depuis l'été 2024, Emmanuel Macron se trouve en situation de cohabitation de fait, mais refuse de le reconnaître. Faute de majorité, même relative, il s'emploie donc à passer par-dessus le gouvernement pour s'adresser aux Français, soit par les réseaux sociaux, soit par des souhaits référendaires. Au sommet, l'isolement prévaut sur le dialogue.

L'art de la surtransposition

Le gonflement bureaucratique s'exerce aussi lorsqu'il s'agit de transposer des directives européennes, et même, trop souvent, de les... surtransposer.

Ainsi, c'est sous la présidence française de l'Union européenne, en 2022, qu'a été adoptée la directive la plus bureaucratique de l'histoire de la Commission. Il s'agit de la fameuse CSRD (Corporate Sustainability Reporting Directive) qui fixe les obligations de reporting non financier des entreprises, qui doivent montrer comment elles atteignent les objectifs fixés en matière de durabilité économique et sociale. Elle s'ajoute à une autre directive qui contraint les mêmes entreprises à veiller au respect de l'environnement et des droits de l'homme chez leurs sous-traitants. C'est ce qu'on appelle le devoir de vigilance. Résultat : pour la seule industrie chimique, plus de 14 000 pages de réglementation ont été édictées en six ans. Comment croire notre président quand il assure, ensuite, dans chaque discours et à l'occasion de chaque colloque, qu'il faut tout mettre en œuvre pour défendre la compétitivité française ? Quand il n'ajoute pas que la « simplification de l'administration est devenue la priorité de l'action du gouvernement ». La priorité, vraiment ? Mieux vaut en rire qu'en pleurer.

Pour ce qui est de la transposition en droit national, la France s'est fait une spécialité d'aller au-delà des exigences minimales de ces textes. Plus de 5 000 lois, décrets, circulaires ou arrêtés ont contribué à cette tâche chez nous.

La surtransposition fréquente résulte de la volonté de refléter des positions déjà défendues par la France à Bruxelles, mais non retenues lors de la négociation des directives, ou encore d'erreurs de méthode ou d'interprétation liées à la complexité de nos normes. Pour le dire autrement, l'abondance de normes aboutit à une spirale infernale.

C'est le cas du très ésotérique débat qui s'est développé autour de ce qu'on appelle l'objectif ZAN, comme « zéro artificialisation nette ». Ce texte vise à limiter à l'horizon 2050 l'étalement urbain à la périphérie des villes[1], à protéger la biodiversité et à préserver les sols. Cet objectif contraignant a été inscrit dans la loi Climat et Résilience de 2021, qui prévoit que tous les territoires français doivent réduire de moitié leur urbanisation au cours de la période 2020-2030 par rapport à la décennie précédente. L'ensemble des collectivités locales ont vivement protesté, à commencer par l'Association des maires de France (AMF), qui a lancé une enquête nationale auprès de ses adhérents en 2024. Résultat : les difficultés rencontrées sont multiples. Les élus pointent notamment des délais d'application trop contraints, une doctrine administrative encore rigide, une attitude de l'État tournée vers la sanction plutôt que vers l'accompagnement. Et l'Élysée ? Sur ce dossier très technique, réservé aux hyperspécialistes c'est… le silence radio. Étonnant.

Certes. Il n'en demeure pas moins que la France est la seule à avoir retranscrit mot pour mot dans

---

1. D'après un rapport du Sénat publié en mai 2021, les aires urbaines couvrent aujourd'hui 22 % du pays (contre 7 % en 1936).

sa législation nationale l'objectif européen de « zéro artificialisation nette ». Ses voisins se sont contentés d'une approche régionale et ne se sont pas soumis volontairement à ces fortes contraintes.

La surtransposition, plus fréquente dans les secteurs de l'agriculture et de l'environnement, aboutit à une perte de compétitivité pour les exploitations et les entreprises françaises, tenues de respecter des normes plus coûteuses que leurs concurrents étrangers. De surcroît, les études d'impact demandées par le Conseil constitutionnel et le Conseil d'État sur ces surtranspositions demeurent très limitées.

Entre 2018 et 2020, l'État n'aurait produit et transmis que sept fiches d'impact stratégique alors qu'une cinquantaine de directives ont été émises.

Ce trop-plein d'État, contrairement aux idées reçues, ne conduit à aucune stabilité politique, bien au contraire. Contrainte par la réglementation européenne, la puissance présidentielle française l'est tout autant par ses propres choix en matière de fonctionnement de l'État. Ainsi, plus le gouvernement compte de ministres et de secrétaires d'État, plus se multiplient des textes réglementaires censés refléter l'activité du titulaire de chaque portefeuille. Plus le dynamisme « inventif » de celui-ci se manifeste, plus il se croit à même de plaire au président. Combien de fois n'a-t-on pas entendu ce dernier se plaindre en conseil des ministres ou dans des cercles plus restreints du silence ministériel, synonyme, pour lui, d'inactivité ?

Enfin, une note ironique, illustration de l'absurdité technocratique qui coûte si cher à nos finances publiques et qui s'exerce au détriment des Français : en plein chaos politique, alors que le pays était dirigé par un second gouvernement démissionnaire en quelques mois, on apprenait début décembre 2024 que le Premier ministre Michel Barnier et cinq de ses ministres[1] venaient de signer un décret… interdisant les feux arrière clignotants sur les vélos[2].

Quelle magnifique ambition pour un État dont la dette dépasse les 3 000 milliards d'euros, et qui n'est doté d'aucun budget pour l'année à venir !

1. Les ministres de l'Intérieur, de la Justice, du Partenariat avec les territoires et de la Décentralisation, ainsi que le ministre délégué chargé des Transports et celui de la Sécurité du quotidien.

2. Il s'agit du décret n° 2024-1074 « relatif aux engins personnels motorisés et aux cycles », dont la tenue a été révélée par Clément Pétreault dans *Le Point*, le 11 décembre 2024.

14.

Trente ans de cohabitations

Durant les premières années de la Ve République, le couple exécutif a vécu selon la volonté du fondateur. Un président fort, à la légitimité incontestable, et un Premier ministre qui certes dirige la politique du gouvernement, comme le veut l'article 21 de la Constitution, mais qui doit aussi être en harmonie avec la philosophie présidentielle. Le chef de l'État nomme de fidèles serviteurs, tels Michel Debré puis Georges Pompidou. Il s'en sépare quand apparaissent des divergences d'opinions ou de vision politique. Michel Debré doit partir en avril 1962 après la tenue d'un référendum qui approuve les accords d'Évian mettant fin à la guerre d'Algérie. Georges Pompidou est quant à lui victime de sa trop grande popularité et de sa gestion jugée trop « libérale » de Mai 68.

Quand il est élu président, en 1969, il fait un choix audacieux concernant son Premier ministre. Jacques Chaban-Delmas est un sémillant réformateur, plus attaché à accompagner la naissance d'une France enfin modernisée qu'à entretenir la flamme de la tradition gaullienne. Ce grand baron du gaullisme ne prend personne en traître : son progressisme est connu de tous, au-delà de sa famille politique.

Toutefois, il s'affranchit des usages avec une certaine désinvolture. Il entend imposer au pas de charge sa propre vision. Pour ce faire, il nomme à ses côtés une équipe de choc, à l'avant-garde de la pensée sociale-démocrate, composée notamment de ses deux principaux conseillers, Simon Nora et Jacques Delors. Celle-ci concocte, avec le Premier ministre, une déclaration de politique générale de rupture, qui plaide pour une « nouvelle société ». Elle néglige d'en présenter le texte au chef de l'État, et commet ainsi un crime de lèse-majesté inimaginable. Malgré les tensions croissantes avec l'Élysée, le Premier ministre poursuit son œuvre de réforme, notamment dans l'audiovisuel public, où l'ORTF avait toujours été jusque-là l'instrument de communication officiel du régime gaulliste.

Au bout de trois ans, fatigué de cette agitation, Georges Pompidou lui impose de démissionner. Dans un premier temps, Chaban refuse, là encore au mépris de tous les usages. Il propose de se soumettre à un vote de confiance parlementaire, ce que Pompidou refuse. Pour la première fois se dessinent les contours d'une cohabitation entre les deux têtes de l'exécutif, qui pourtant appartiennent au même mouvement. Beaucoup de députés de la majorité se sentent proches du gaullisme social incarné par le Premier ministre, mais s'offusquent du peu de cas qu'il fait de la fonction présidentielle. « La rivalité entre Chaban et Pompidou s'était aggravée, raconte l'ancien député et secrétaire d'État Olivier Stirn au micro de

France Culture, cinquante ans après[1], et le président Pompidou a senti qu'il fallait qu'il change de Premier ministre. La cohabitation entre les deux était devenue très difficile. Le projet de Chaban-Delmas était inspiré du gaullisme social, un gaullisme de redistribution. Sur le fond du discours, nous étions tous proches de Chaban mais on estimait que ce n'était pas à lui de le définir, c'était au président de la République dans le cadre des institutions de la Ve République. On était d'accord avec Chaban sur les idées, on ne l'était pas sur le fait que ce soit lui qui les exprime. »

La peur de l'alternance

Après la mort de Pompidou, le duo Giscard-Chirac inaugure une autre forme de cohabitation. VGE, candidat UDF en 1974, avait absolument besoin du soutien des gaullistes, ou du moins d'une partie d'entre eux, pour l'emporter face à Chaban-Delmas au premier tour de la présidentielle, et à Mitterrand au second. Jacques Chirac, jeune loup pompidolien, Jean Taittinger et quelques autres dignitaires de l'UDF le lui apportent dans le fameux « appel des 43[2] ».

1. https://www.radiofrance.fr/franceculture/podcasts/les-nuits-de-france-culture/la-fabrique-de-l-histoire-histoire-du-regime-parlementaire-2-1972-reforme-regionale-derniere-loi-avant-la-sortie-1ere-diffusion-21-05-2013-8188636.

2. Ce manifeste, publié le 13 avril 1974, est signé par quatre ministres sortants (Jacques Chirac, Jean Taittinger, Jean-Philippe Lecat, Olivier Stirn) et par 39 parlementaires, majoritairement issus de l'UDF.

Chirac devient Premier ministre et prodigue quelques judicieux conseils au nouveau président. Il lui recommande notamment de faire entrer Simone Veil au gouvernement et soutient la loi qui dépénalise l'interruption volontaire de grossesse. Toutefois, le libéralisme et le très grand engagement européen de Giscard, comme la volonté de celui-ci de faire prévaloir toutes les prérogatives présidentielles, fournissent à son allié de circonstance de bonnes raisons de démissionner de Matignon, ce qu'il fait en août 1976.

Son remplacement par Raymond Barre inaugure un long moment d'équilibre institutionnel classique. En 1978, l'hypothèse d'une victoire de la gauche aux élections législatives dessine la perspective d'une cohabitation pure et dure, avec un président de droite et un Premier ministre de gauche. Le 27 janvier, le président de la République prononce à Verdun-sur-le-Doubs, en Saône-et-Loire, un discours qui restera dans les mémoires pour son exhortation aux Français « à faire le bon choix pour la France » en refusant l'application du programme commun de la gauche. Le terme de cohabitation n'est pas prononcé mais Giscard indique qu'en cas de victoire de l'opposition, il ne pourra pas s'opposer à ce qu'elle gouverne...

Une autre cohabitation, plus institutionnelle, intervient huit ans plus tard. Après cinq années de présidence tranquille, avec deux Premiers ministres extrêmement loyaux, chacun dans son genre, François Mitterrand perd les élections législatives. Il doit nommer un Premier ministre acceptable pour la nouvelle majorité de droite, victorieuse du scrutin. Le nom de Jacques Chirac s'impose. Les deux années qu'ils passent ensemble sont assez rudes, puisque ce sont deux futurs candidats à la prochaine présidentielle qui se font face. François Mitterrand ne cède rien sur ses prérogatives et délimite son « domaine réservé » alors même qu'il n'est mentionné nulle part dans la Constitution de la Ve République et qu'il l'avait contesté depuis toujours. Il n'empêche. Le chef de l'État préside ainsi les délégations françaises dans les différents sommets, européens ou internationaux.

En 1993, alors qu'une nouvelle cohabitation s'annonce, il précise sa vision dans une interview au *Monde*[1] : « Le gouvernement est compétent dans les matières de sécurité et de diplomatie. Le président aussi, me semble-t-il. Qui prendra l'initiative de violer la Constitution ? Pas moi. »

Quelques semaines plus tard, il désigne Édouard Balladur à Matignon. L'ambiance entre les deux hommes est en apparence plus calme, même si François Mitterrand préfère Chirac, qu'il encouragera à se porter candidat à la présidentielle de 1995 contre son ancien ami devenu Premier ministre.

Le vainqueur de cette confrontation sera, on le sait, Chirac. Le paradoxe ? Il ne sera seul maître à bord que durant deux ans, avant de faire le pari hasardeux d'une dissolution. Déjà ! La gauche obtient la majorité absolue à l'Assemblée nationale. Lionel Jospin est nommé Premier ministre. Vue de Matignon par le directeur de cabinet adjoint que j'étais, la ligne de partage avec l'Élysée apparaît comme très claire. Lionel gouverne. Il concrétise ses promesses telle la mise en œuvre des 35 heures. Chirac, malgré ses

1. Publiée le 9 février 1993.

sentiments personnels, n'intervient pas. Sur les enjeux européens, notamment la mise en place de l'euro, un certain consensus existe et nous n'assistons à aucun dérapage entre les deux camps. Les deux responsables de la communication, Catherine Colonna et Manuel Valls, ont l'intelligence de bien s'entendre. Les relations entre conseillers de l'Élysée et de Matignon sont correctes, jusqu'au jour où Jean-François Cirelli, conseiller économique et budgétaire du président, dénonce les niches budgétaires dissimulées par le gouvernement, qui creusent le déficit.

Afin de déminer les risques de conflit et d'éviter trop de controverses sur les nominations, Dominique de Villepin, secrétaire général de l'Élysée, et Olivier Schrameck, directeur de cabinet du Premier ministre, se rencontrent et déjeunent ensemble tous les quinze jours.

Lorsque je suis nommé directeur du Trésor avec l'assentiment de Jacques Chirac et de Dominique de Villepin, c'est une confirmation de plus de la bonne répartition des compétences, meilleure à certains égards que celle qui prévaut parfois au sein d'une majorité. C'est un des paradoxes de la Ve République, qui se développera plus encore avec l'instauration du quinquennat et l'élection de Nicolas Sarkozy, mais qui a existé bien avant.

En 1988, François Mitterrand est réélu après deux années de cohabitation avec Jacques Chirac. Il dissout l'Assemblée nationale et récolte une majorité relative, plus large que celle d'Emmanuel Macron en 2022 et plus encore en 2024, mais relative quand même. Il a anticipé cet écueil et nommé à Matignon une personnalité populaire et rassembleuse, dont le profil social-démocrate permettra une certaine ouverture au centre. Il s'est résigné à opter pour Michel Rocard, son adversaire le plus résolu depuis dix ans au sein du Parti socialiste. En 1978, celui-ci a esquissé ses premières velléités de concourir à l'élection présidentielle de 1981, alors que François Mitterrand envisage ouvertement d'effectuer un troisième tour de piste. En 1979, Rocard est mis en minorité au congrès de Metz. Mais il recueille dans les sondages les faveurs de l'opinion publique, loin devant Mitterrand. Aussi lance-t-il en octobre 1980, depuis sa mairie de Conflans-Sainte-Honorine, un appel demeuré l'exemple absolu de ce qu'il ne faut pas faire en politique.

Michel Rocard avait déclaré à Metz qu'il ne se présenterait pas contre François Mitterrand. Avant de lancer son appel télévisé, il a prévenu celui-ci. Au téléphone, ce dernier, qui n'a pas précisé publiquement ses intentions, lui affirme qu'il sera candidat. Cette information déstabilise Rocard. C'est le désastre. Le voilà qui semble hésitant face aux caméras et récite en bafouillant un texte alambiqué : « Le temps est donc venu pour les socialistes, et en même temps pour l'opinion tout entière, de savoir clairement et sans équivoque à quoi s'en tenir. Le temps est donc venu qu'un candidat soit un candidat, car la détermination est une condition du succès. Ma fédération socialiste, celle des Yvelines, est dès lors conviée à en délibérer et à présenter ma candidature dans le respect de nos règles et de nos engagements. » On a vu plus clair et plus déterminé, comme profession de foi ! François Bayrou raillera plus tard dans *Démocratie moderne*, le journal des centristes, un texte « à mi-chemin de l'emphase ampoulée des comices agricoles et de la dissertation de Jaurès[1] ».

Deux semaines plus tard, Mitterrand se déclare devant le comité directeur du Parti socialiste. Rocard, le grand réformateur, lui apporte immédiatement son soutien ! Dix ans plus tard, il reste de cet épisode une sourde inimitié – intacte – entre les deux hommes qui semblent voués à se mépriser mutuellement.

Néanmoins, en ce mois de mai 1988, Michel Rocard est à Matignon. Peu importe que François Mitterrand ait glissé à quelques amis, pour qu'ils le répètent : « Vous verrez, au bout de six mois, on verra à travers. »

Le Premier ministre met alors en scène ce qui apparaît à ce moment-là comme le comble de l'audace : faire entrer des leaders de droite dans un gouvernement de gauche ! Ce ne sont pourtant pas des idéologues acharnés puisqu'il s'agit de personnalités telles que Jean-Pierre Soisson, Michel Durafour, Jacques Pelletier ou Roger Fauroux, que je sers comme directeur de cabinet au ministère de l'Industrie.

Michel Rocard nous incite beaucoup à privatiser, avec notamment en 1990 l'accord Renault-Volvo. Il modernise la fiscalité et la redistribution avec la mise en place de la CSG (contribution sociale généralisée) tout en veillant à une bonne gestion budgétaire.

François Mitterrand, absorbé par de grands enjeux internationaux comme le démantèlement de l'URSS, la chute du mur de Berlin, la préparation du futur traité de Maastricht, laisse cette politique, très rai-

1. Pierre-Emmanuel Guigo, « La présidentielle de 1981 dans les yeux : l'appel de Rocard quarante ans après », Fondation Jean-Jaurès, 23 octobre 2020.

sonnable au fond, se développer jusqu'au jour où il considère que Rocard ne roule plus que pour lui dans la perspective des prochaines élections présidentielles. En 1991, il le démet donc par surprise pour le remplacer par deux fidèles de la première heure, Édith Cresson puis Pierre Bérégovoy.

Cohabitation « exigeante »

Durant le mandat de François Hollande, une nouvelle cohabitation « exigeante » apparaît avec... Manuel Valls. Celui-ci se situe économiquement sur une ligne plus libérale que le président, et surtout, face à l'impopularité de ce dernier, se considère de plus en plus comme le recours d'une gauche sociale-démocrate pour l'échéance présidentielle de 2017. C'est lui qui presse François Hollande de se soumettre à des primaires à gauche, ce qui ressemble fort à une provocation sinon à un piège. Jusqu'alors, les deux hommes ont travaillé en bonne intelligence, développant bien avant Emmanuel Macron une politique de l'offre avec l'instauration du CICE (crédit d'impôt pour la compétitivité et l'emploi), ainsi que des réformes sur des sujets sensibles comme les retraites ou l'emploi, avec les lois Touraine et El Khomri.

Les ambitions présidentielles du Premier ministre deviennent impossibles à concilier avec ses fonctions. Début décembre 2016, il annonce officiellement sa candidature, quatre jours après le renoncement de François Hollande, et démissionne dans la foulée. Par une étrange ironie de l'histoire, Manuel Valls a été le premier à mettre en garde François Hollande contre les ambitions présidentielles d'Emmanuel Macron.

C'est finalement dans l'ombre de l'inventeur de la Ve République que ses successeurs vont faire évoluer le régime. Ces cohabitations deviennent désormais la règle et non l'exception. Cette évolution révèle une vérité inquiétante : le désarroi croissant des Français. Jusqu'où ira-t-il ?

15.

Le secrétaire général, président bis ?

Lorsque je suis devenu secrétaire général de la présidence de la République, début 2014, personne ne m'a expliqué la charge qui était la mienne à l'exception du chef de l'État lui-même, qui m'a fait savoir ce qu'il attendait de moi : assurer et resserrer la cohésion de l'équipe de l'Élysée, veiller à une très bonne articulation avec Matignon, gérer de manière politique l'agenda, participer à la réorientation de la politique économique en faveur des entreprises dans la seconde partie du quinquennat, garantir le bon fonctionnement de l'administration publique au regard des trente ans que j'avais passés au service de l'État.

Un ordre de mission ambitieux et donné en bonne et due forme !

Ce parcours de haut fonctionnaire m'avait déjà offert, je dois le dire, des opportunités assez exceptionnelles. En effet, il ne m'a pas seulement initié aux arcanes des grandes directions au sein des différents ministères, il m'a aussi mis en contact avec plusieurs secrétaires généraux de l'Élysée dont j'ai pu à cette occasion observer la diversité des tempéraments. Certains, tels Claude Guéant auprès de Nicolas

Sarkozy, Dominique de Villepin avec Jacques Chirac, ou Pierre Bérégovoy avec François Mitterrand se montraient très politiques. Ils sont tous trois devenus par la suite ministres, voire chefs du gouvernement pour ce qui concerne les deux derniers.

À l'autre bout du spectre, des profils comme Frédéric Salat-Baroux, sous Chirac, ou Xavier Musca, du temps de Sarkozy, ont tenu à conserver un profil plus technique. Mais, le point commun entre tous ces personnages est simple : ils savent – pratiquement – tout et doivent ne rien dire, se confondre avec la muraille, à l'exception du moment où, depuis le perron du palais de l'Élysée, ils annoncent la liste du gouvernement.

Le secrétaire général de la présidence de la République est chargé de protéger le chef de l'État. Pour cela, il doit se tenir informé de tout. Or, il se passe toujours quelque chose dans le pays ou sur la planète. C'est au secrétaire général de décider s'il convient ou non, y compris en pleine nuit, de prévenir le président. Il est, en vérité, une tour de contrôle à lui tout seul…

Totale loyauté

Quand j'arrive à l'Élysée, je sais que ce que recherche François en moi, c'est une loyauté indéfectible. Il veut pouvoir accorder une confiance aveugle à son secrétaire général. Parce que j'ai servi Nicolas Sarkozy au début du quinquennat précédent, comme secrétaire d'État chargé des Affaires européennes, il n'a pas pu et pas voulu me nommer à ce poste dès 2012. C'est aussi pour cette raison que je choisis d'avoir un rôle plus technique que politique. Ma responsabilité essentielle consiste à aider le président dans la gestion des ressources humaines, à améliorer ses relations avec les dirigeants du milieu des affaires – ce n'est pas exactement un petit sujet ! –, et à le soutenir dans tous ses efforts pour garantir la stabilité de l'euro après la crise grecque.

Concernant les ressources humaines, le chantier est important. Je découvre que mon prédécesseur n'était pas apprécié de ses adjoints, Emmanuel Macron et Nicolas Revel, ni de la directrice de cabinet du président, Sylvie Hubac. La situation s'apaise d'autant plus rapidement que de nouveaux profils remplacent les anciens. Je travaille avec de nouveaux adjoints, Boris Vallaud puis Thomas Cazenave et de nouveaux directeurs de cabinet, Thierry Lataste puis Jean-Pierre Hugues.

Quelques oppositions structurelles subsistent toutefois entre grands pôles. Diplomates et militaires n'ont pas toujours la même vision des relations internationales ou des opérations extérieures. C'était vrai il y a dix ans. Tout me porte à croire que c'est encore plus vrai aujourd'hui. Les hauts fonctionnaires du Quai d'Orsay considèrent que la Défense se mêle trop de notre politique extérieure, que ce soit sur l'Ukraine, sur le Moyen-Orient ou sur l'Afrique. Et… inversement !

La transmission de notes est loin d'être fluide et a ainsi failli provoquer, à l'Élysée, début 2025, la démission du chef du pôle diplomatique Emmanuel Bonne, déjà là sous François Hollande. De même, sur les enjeux européens, une opposition structurelle règne entre le conseiller diplomatique et le secrétaire général adjoint chargé des affaires économiques et monétaires.

Avec cette feuille de route, je ne suis pas présent aux réunions politiques de la majorité organisées chaque mardi soir à l'Élysée, et peu aux rencontres diplomatiques de François Hollande hors Union européenne. S'agissant de la communication, je laisse une large autonomie au conseiller chargé de ce dossier, Gaspard Gantzer. Toutefois, je participe tous les samedis matin, à 11 heures, aux réunions « communication » qu'organise jusqu'en août 2016 le président avec ses conseillers, Philippe Grangeon, Robert Zarader et Gaspard Gantzer. Objectif : commenter l'actualité et proposer si besoin des réactions au président, voire suggérer à des journalistes accrédités des commentaires « off ».

Chacun avait ses propres correspondants, auxquels il était chargé de faire passer des messages sur le gouvernement, sur le Conseil des ministres, sur les orientations gouvernementales. Je retrouvais ainsi certaines anecdotes dans la page 2 du *Canard enchaîné* le mercredi suivant. Nous examinons aussi les rendez-vous « presse » à venir du président, évoquons ceux qu'il convient de supprimer ou, au contraire, d'ajouter. Enfin, nous analysons les retombées des interventions qui ont pu être faites au cours de la semaine par le chef de l'État, par le Premier ministre ou des membres du gouvernement, par telle ou telle personnalité politique.

D'une durée d'une heure, ces réunions sont en fait les plus politiques, à l'exception des dîners de la majorité le mardi soir.

Parfois, avant ces réunions, François Hollande reçoit en tête-à-tête Julien Dray pour évoquer la situation politique. Ensuite, il arrive que soit organisé un déjeuner informel avec, autour du président et du secrétaire général, la directrice de cabinet puis ses successeurs, le secrétaire général adjoint, la cheffe de cabinet, le conseiller diplomatique, quelquefois les conseillères culture ou sport ainsi que Gaspard Gantzer, qui se voulait le gourou de la « com ». Les convives procèdent à un tour d'horizon très décontracté et varié sans que la plupart du temps des arbitrages soient rendus en cette circonstance. C'est lors d'un de ces déjeuners que nous avons suivi la vraie fausse nouvelle du décès de Martin Bouygues. Sylvie Hubac et Gaspard Gantzer ont retenu à temps la lettre de condoléances. Au même moment, le ministre Emmanuel Macron avait déjà adressé un communiqué d'hommage à Martin Bouygues.

C'est donc avant tout sur la base d'une relation personnelle, amicale, que j'exerce cette haute fonction. Je crois que je suis, de ce point de vue, à peu près le seul de mon espèce. Par expérience, je m'implique beaucoup dans l'élaboration du budget, qui m'occupe en grande partie de juin à septembre. Je multiplie les entretiens particuliers avec le secrétaire d'État au Budget et je reçois avant le président les ministres qui s'estiment insatisfaits de leur dotation.

Féodalités ombrageuses

Malgré ma connaissance de la haute administration et des cabinets ministériels, ce qui me surprend le plus, à mon arrivée, ce sont les petites féodalités qui se manifestent au sein même de l'Élysée, entre les cellules diplomatique, économique, régalienne…

Finalement, la tâche la plus difficile pour le secrétaire général consiste à faire travailler ensemble des fonctionnaires… de corps différents !

J'apprends aussi à composer, lors des déplacements du président ou lors de réceptions de chefs d'État étrangers, des délégations de conseillers suffisamment équilibrées. Car le secrétaire général, souvent décrit comme un « président bis » ou un *deus ex machina*, n'a qu'une fonction de recommandation, la décision finale revenant toujours au président, guidé par ses souhaits ou ses relations personnelles avec tel ou telle.

Je découvre également que le chef de l'État, faute de temps ou d'intérêt, ne reçoit pas tous les ministres. Comme finalement ses prédécesseurs, il n'a de contacts réguliers, voire hebdomadaires, qu'avec les plus importants d'entre eux : Affaires étrangères, Intérieur, Économie et Finances, Défense. Pour le reste, ministres et secrétaire d'État rencontrent le secrétaire général pour lui faire part de leurs préoccupations, des initiatives à soumettre au président, ou des souhaits qu'ils peuvent avoir dans l'évolution de leurs responsabilités.

C'est ainsi que je vois régulièrement le ministre du Budget, très compétent et responsable, pour maintenir le déficit budgétaire autour du seuil de 3 % fixé par les instances européennes, ou que je rencontre le secrétaire d'État à la Simplification administrative, l'écologiste Jean-Vincent Placé qui, lui, me parle davantage de sa vision politique que des besoins de réforme de l'État… et est toujours disponible pour une coupe de champagne ! Pour qu'un projet de loi arrive sur la table du Conseil des ministres, il doit donc surmonter de nombreuses épreuves. Les administrations font part de leurs observations et de leurs positions à leur ministre avant que soit rendu un arbitrage. Ainsi, la direction générale des Finances publiques ne cessait de rappeler les difficultés pratiques qu'entraînerait la mise en place de la retenue à la source. À Bercy, les directeurs faisaient savoir que le gouvernement devrait revenir sur cette nouvelle modalité de recouvrement de l'impôt. Ils craignaient que des incidents de plus en plus nombreux ne remettent en cause une réforme aussi sensible. Certains alertaient même le pouvoir, jusqu'à l'Élysée, des risques de contestation, voire de révolte fiscale. D'ailleurs, sous le règne précédent, le président et le Premier ministre, qui y étaient favorables, avaient dû y renoncer. C'est donc Gérald Darmanin, alors ministre de l'Action et des Comptes publics, qui réussira à instaurer cette mesure, aujourd'hui reconnue comme une simplification pour tous les Français.

Il arrive aussi, et c'est à ce stade que je suis à coup sûr saisi du dossier, que les positions administratives soient relayées par les ministres pour contrer la mise en œuvre de promesses présidentielles « abracadabrantesques ». Ce fut le cas avec le projet de création d'un taux d'imposition à 75 % sur les plus hauts revenus.

Plus habituelles sont, pour le secrétaire général, les suggestions faites par la direction du Budget pour tenter de réduire, ou du moins de limiter, les déficits budgétaires et sociaux. Elles remontent jusqu'à l'Élysée au-delà des réunions interministérielles, et mon rôle revient à limiter les dégâts...

Le dernier rempart du président

D'une manière générale, les rendez-vous avec le président de la République sont planifiés par son secrétariat, surtout ceux d'ordre privé qui peuvent être nombreux. Outre les rencontres régulières avec le chef du gouvernement, les principaux ministres, les responsables de la majorité, les autres demandes d'audience sont évoquées chaque lundi matin entre le secrétaire général, son adjoint, le directeur de cabinet, le chef du pôle diplomatique ainsi que le responsable de la communication.

Le secrétaire général centralise et transmet au président les demandes retenues en fonction de leur importance et de leur urgence. Le plus souvent, la décision finale est prise lors d'une réunion entre le président, le secrétaire général et le directeur de cabinet. Bien évidemment, en fonction des changements de priorités et des imprévus, certains rendez-vous sont reportés ou annulés par le président. Le secrétaire général veille alors à bien rappeler au chef de l'État que certaines demandes traînent depuis longtemps…

Je reçois ainsi régulièrement parlementaires et anciens élus qui prétextent le partage d'une analyse politique pour faire connaître, souvent assez ouvertement, leur « disponibilité » pour entrer au gouvernement.

Durant mon mandat de secrétaire général, j'ai reçu plus d'une dizaine de candidats. Dans leur grande majorité, ils n'ont pas été retenus par le chef de l'État à l'occasion des différents remaniements. Ils n'ont néanmoins jamais perdu espoir puisqu'ils sont devenus ministres ou président d'Assemblée sous Emmanuel Macron. J'ai ainsi reçu à plusieurs reprises des personnalités telles que Nathalie Loiseau, Fabienne Keller ou Pascal Canfin, qui me savaient proches d'Emmanuel et me demandaient d'intercéder en leur faveur. Par ailleurs d'anciens membres du gouvernement sous le mandat de François Hollande, comme Juliette Méadel, se rappelaient régulièrement à mon bon souvenir d'une façon souriante en ayant en tête la future configuration gouvernementale. Pour Juliette Méadel, la ténacité a payé puisqu'elle a été nommée finalement au poste sensible de ministre de la Ville du gouvernement Bayrou en décembre 2024.

Au-delà du monde politique, nombre de professionnels rendent visite au secrétaire général pour obtenir services, faveurs ou promotions dans leurs activités. Cela va du chef d'entreprise qui veut résoudre un contentieux avec l'administration fiscale à de grandes institutions comme la BNP, qui m'a sollicité lorsqu'elle a écopé d'une amende record aux États-Unis…

Cet embouteillage résulte d'une équation simple : en général, le président a suggéré à son plus proche collaborateur de recevoir lui-même ces visiteurs bloqués dans la file d'attente, jugés à tort ou à raison moins prioritaires. Il arrive alors à ce dernier de faire au chef de l'État des recommandations de rendez-vous avec des membres de l'opposition, des représentants de laboratoires d'idées, des influenceurs ou des entrepreneurs qui le connaissent à titre public ou privé. Celles-ci ne sont pas toujours accueillies au palais, il faut bien le reconnaître, avec un grand enthousiasme. C'est donc, là encore, le secrétaire général de l'Élysée qui se charge de recevoir ces différentes personnalités, quitte à ce que, dans certains cas, le chef de l'État passe une tête dans le bureau à titre de courtoisie ou de bienséance (notamment lorsqu'il s'agissait, de mon temps, de leaders de la majorité, d'élus parlementaires ou locaux, de membres d'une opposition constructive...). Mais à l'inverse et fréquemment, durant les trois ans où j'occupe ce poste, François, à qui je remets mon agenda, me demande parfois d'un ton ironique pourquoi je perds mon temps à rencontrer telle ou telle personnalité ou relation amicale non socialiste. Par exemple, en avisant mes rendez-vous avec Henri de Castries, alors président d'Axa et ami proche, ou encore Françoise Holder, qui dirigeait la société Ladurée et avait soutenu Emmanuel, il me fait remarquer (à juste titre) que je ne suis pas propriétaire de ma fonction et que tout entretien doit servir la politique du président.

Sollicitations à géométrie variable

Bien sûr, les demandes d'audience avec le chef de l'État n'ont cessé de croître ces dernières années compte tenu de la plus grande centralité du pouvoir liée à l'instauration du quinquennat, mais aussi de l'apparition de grandes crises (financières, sanitaires...), qui ne font que renforcer les incertitudes des élus et des citoyens les plus influents. La recherche d'une plus grande lisibilité de l'action politique a conduit à multiplier ce genre de rencontres. Toutefois, celles-ci se réduisent d'elles-mêmes, selon une loi mathématique non écrite mais toujours vérifiée, lorsque la cote de popularité du président chute fortement ou lorsque celui-ci ne dispose plus d'une majorité absolue au Parlement. Dans ce cas, les solliciteurs d'hier préfèrent attendre la fin du mandat et prendre langue avec d'éventuels successeurs…

Une autre surprise, lorsque je prends mes fonctions à l'Élysée début 2014, réside dans la très forte implication du président dans les relations internationales. Je découvre plus en profondeur sa grande méfiance à l'égard de Poutine et son goût limité pour Obama. Cette double perception le conduit à un engagement fort et constant auprès de l'Ukraine, avec notamment la signature des accords dits de Minsk, et à une implication plus importante qu'elle n'a jamais été envers les pays d'Afrique et du Moyen-Orient menacés par le terrorisme islamiste.

Enfin, bien que connaissant la prédilection des différents présidents pour les médias, je reste étonné par les rencontres régulières et toujours privées entre François Hollande et deux tandems de journalistes, qui publieront avant la fin de son quinquennat et à son étonnement deux ouvrages ravageurs pour son image.

Ce fut, avec « l'affaire Fillon », ma plus grande déception lors de mon passage à l'Élysée. Je me suis retrouvé bien malgré moi au cœur d'un mauvais vaudeville où l'on me prêtait des propos et des intentions fort éloignés de la réalité. Cette fâcheuse querelle mise en scène avec une forme de cynisme jovial par Davet et Lhomme, journalistes au *Monde*, a été particulièrement pesante.

Je constate avec étonnement que cette tradition d'associer des journalistes, y compris à des entretiens diplomatiques des plus décisifs, s'est poursuivie, voire accentuée sous Emmanuel Macron.

Dire que cela ne me paraît pas opportun est un euphémisme.

16.

Ils sont nombreux à être touchés par la grâce

En cette année post-électorale, la présidence souffre. Contesté, mal traité – c'est du moins l'avis de Mme Macron elle-même –, le président a perdu une partie de son crédit. La fonction est-elle pour autant atteinte ? Oui et non. Oui parce que le niveau des candidat(e)s semble avoir baissé de façon assez vertigineuse depuis de Gaulle. Non si on s'en tient à la prolifération des ambitions autoproclamées. Ils sont si nombreux à vouloir devenir « roi de France » en 2027 et à ne pas prendre la moindre peine pour le cacher, bien au contraire !

Certes, en son temps, Georges Pompidou, alors Premier ministre, avait révélé, à Rome, en janvier 1969, une vérité que peu d'observateurs ignoraient : il n'excluait pas de succéder à de Gaulle.

Sa sortie, en réponse à la question d'un journaliste, devait provoquer un immense tollé. Face à la colère du Général, Pompidou a voulu minimiser. Il a alors accusé dans ses Mémoires le correspondant de l'AFP en Italie : « Au retour à l'hôtel, j'eus quelques informations de Paris. Je compris que M. Mengin, représentant de l'AFP, avait fait une sorte de dépêche d'Ems, sur le thème “Je suis candidat” et “Je ne suis pas pressé” en rapprochant ainsi deux réponses sans lien, en coupant les “attendus” de la première, réussissant ainsi un triplé qui devait lui plaire : dépêche à sensation, désagréable au général de Gaulle et vulgaire dans la présentation de ma propre attitude », écrit-il assez vertement[1].

Ledit Robert Mengin entendit rétablir la vérité, des années plus tard, dans les colonnes du *Monde*[2]. Et assura qu'il n'avait rien rapproché du tout et s'en était tenu aux propos prononcés par le chef du gouvernement. Puis il prêta à Georges Pompidou un dessein machiavélique : « La déclaration de Rome devait diminuer le nombre des “oui” au référendum[3], pousser ainsi le chef de l'État à la démission, hisser Georges Pompidou au premier rang des candidats à sa succession. » Tout est dit.

Il y a cinquante ans, donc, la déclaration d'une ambition présidentielle de la part d'un Premier ministre, avec toutes les précautions d'usage, faisait tellement scandale que certains protagonistes continuaient à la commenter avec passion des années plus tard ! Rien de tel de nos jours. Gérald Darmanin, Gabriel Attal, Édouard Philippe, Laurent Wauquiez, Bruno Retailleau – et quelques autres – appartiennent en théorie, après la dissolution de juin 2024, au fragile « socle commun » issu de législatives infernales, mais ils n'en mènent pas moins leur barque sans le moindre

1. Georges Pompidou, *Pour rétablir la vérité*, Flammarion, 1982.
2. Robert Mengin, « L'annonce, à Rome en 1969, de la candidature de Georges Pompidou à la présidence de la République », *Le Monde*, 24 novembre 1982.
3. Il s'agit du référendum de 1969 dont le résultat, négatif, va conduire le général de Gaulle à la démission.

effort de discrétion ou de dissimulation. Emmanuel Macron, en théorie, doit encore rester deux ans à l'Élysée mais ils commencent déjà à s'entre-dévorer.

Que l'on ne s'y trompe pas : c'est beaucoup moins un problème de personnes qu'une question d'époque. Plusieurs facteurs expliquent cette évolution vers le « jeu personnel » de chaque acteur politique de premier plan. Pendant très longtemps et jusqu'à l'élection d'Emmanuel Macron, il était acquis pour tout le monde qu'une candidature sérieuse devait être soutenue par un parti de gouvernement, lequel désignait son champion dans le cadre d'un congrès aux accents unitaires. Et que le candidat devrait avoir un âge respectable et bien sûr femme et enfants !

Puis vint l'époque des primaires inspirées des États-Unis. De 2007 à 2017 chez les socialistes, de 2017 à 2022 chez Les Républicains, ce sont les militants et les sympathisants qui choisissent leur candidat.

Dans le même temps, la réforme constitutionnelle de 2008 institue la limite de deux mandats présidentiels consécutifs, si bien que durant le second quinquennat d'un président, tout le monde sait qu'il ne peut pas se représenter. Auparavant, chacun attendait qu'il se prononce sur son avenir avant de sortir du bois.

Enfin, à des partis forts correspondaient des leaders incarnés, des « personnages » tels Mitterrand ou Chirac, lesquels devaient compter avec des concurrents comme Rocard, Balladur ou Sarkozy : un sacré casting ! François Hollande fut lui-même, avant d'être élu président de la République, premier secrétaire du Parti socialiste pendant environ dix ans.

Aujourd'hui, les partis de gouvernement se sont affaiblis, tandis que celui d'Emmanuel Macron, qui ne fut jamais un élu de terrain, demeure très peu connu et compte désormais moins de 10 000 adhérents (contre plus de 100 000 à son apogée).

Donc, faute de partis vivants et vivaces, les ambitions prospèrent et les grands appareils sont peu à peu remplacés par des écuries personnelles, vouées à la réussite d'une seule personne, et le plus souvent dépourvues des moyens nécessaires pour engager une réflexion politique de fond.

Deux ministres pour une écurie frondeuse

Durant l'été 2014, je vois, de l'Élysée, avec étonnement s'exprimer les immenses ambitions d'Arnaud Montebourg et de Benoît Hamon. À la Fête de la rose de Frangy-en-Bresse qu'organise chaque année le premier au moment de la rentrée, les deux hommes, respectivement ministres de l'Économie et de l'Éducation nationale, brandissent une « cuvée du redressement » et plaident – publiquement ! – pour que le président adopte une ligne politique moins libérale. François Hollande est surpris par la manifestation soudaine de cette écurie frondeuse, car dans le cadre de ses fonctions, Arnaud Montebourg se comportait de façon très professionnelle, notamment pour défendre l'industrie française. Il avait même contribué de manière assez remarquable au redressement de Peugeot. Quant à Benoît Hamon, il venait d'être promu ministre de l'Éducation nationale. Il semblait très heureux de cette promotion, il faut le dire, inespérée, et conjuguait déplacements sur le terrain, très bonne maîtrise des dossiers, interventions modérées en conseil des ministres. J'avais pour ma part de très bonnes relations avec les deux.

À la suite de leur incartade, Manuel Valls, Premier ministre, pèse de tout son poids auprès du chef de l'État pour qu'il fasse preuve de fermeté et mate sans états d'âme cette rébellion, au moment où une nouvelle politique plus favorable aux entreprises commence à être mise en œuvre. Résultat ? François choisit la fermeté : les deux ministres sont condamnés à la démission dès le lendemain !

Les mois passent. Le lancement du mouvement En marche créé par Emmanuel Macron, en avril 2016, conduit le président à bien observer les personnalités, notamment socialistes, qui accompagnent les premiers pas en politique de celui qui est encore ministre de l'Économie au sein du gouvernement Valls. Il n'est guère surpris d'y retrouver le maire de Lyon, Gérard Collomb, qu'il n'a jamais voulu nommer ministre et qui rêve, lui, d'un destin national. Il est plus étonné d'y découvrir les parlementaires socialistes Richard Ferrand, Christophe Castaner, Didier Guillaume, François Patriat, qui avaient certes travaillé sur le projet de loi gouvernemental dit « loi Macron », mais qui n'arrêtaient pas de faire les couloirs de l'Élysée pour obtenir fût-ce un strapontin au sein du gouvernement.

Sous François Hollande, l'entourage proche ne voyait pas à proximité de l'Élysée d'écuries présidentielles pour servir des ambitions personnelles, à l'exception notable de celle de Manuel Valls. Le Premier ministre regroupait autour de lui des communicants comme Stéphane Fouks, le vice-président de Havas, Arthur Sadoun, le patron de Publicis, le patron de presse Louis Dreyfus, ou encore des parlementaires ainsi qu'une partie des Gracques. Ce discret groupe d'influence s'était donné pour but de sceller une alliance réunissant le centre – dont le symbole était déjà François Bayrou – et la gauche dite « raisonnable ». Rocardien de choc, Bernard Spitz, qui en était le président et dirigeait la puissante Fédération française des assurances, soutenait avec, entre autres, Denis Olivennes, ami de jeunesse du Premier ministre et futur patron d'Editis, numéro deux de l'édition, les candidats qui allaient dans le sens de ce pacte, que ce soit Manuel Valls ou Emmanuel Macron. Finalement, les Gracques ont choisi le ministre de l'Économie, lui-même ancien membre... de ce qui se voulait un club de réflexion politique !

À partir du mois de novembre, quand Macron s'est déclaré candidat, nous avons continué à recevoir Alexis Kohler, l'homme qui me succédera à l'Élysée, pour évoquer l'actualité du milieu des affaires. C'était évidemment une erreur de perception, puisque Emmanuel tissait déjà sa toile. Mais François était ravi à l'époque des ambitions affichées par son jeune ministre de l'Économie, qu'il n'hésitait pas à favoriser pour contrer celles, plus évidentes et plus agressives, de Manuel. Je dois reconnaître que je partageais à l'époque cette analyse politique, et que je n'ai pas vu (ou pas voulu voir) les ailes présidentielles pousser dans le dos d'Emmanuel.

Pour nous renforcer dans nos certitudes, le conseiller Philippe Grangeon, ancien cadre de la CFDT, répétait à chaque réunion de communication du samedi matin combien nous devions nous méfier de Manuel. Nous avons mieux compris quand, mettant ses grands principes de côté, il a tourné les talons pour intégrer, dès août 2016, l'équipe d'Emmanuel...

Ainsi va la vie politique.

17.

Le terrorisme vu de l'Élysée

Au-delà des intrigues et des pesanteurs, le souvenir de cette époque secouée par des attentats très organisés, même s'il s'est estompé, reste vif dans le milieu politique.

On ne se rappelle pas toujours que la Ve République est née dans une atmosphère de terreur et d'effroi. Tandis que le 28 septembre 1958, les Français approuvent massivement cette nouvelle Constitution, par plus de 80 % de voix, le général de Gaulle est élu le 21 décembre par un collège de 80 000 votants : la guerre d'Algérie entre alors dans sa cinquième année. Les menaces de coup d'État, les attentats et les tentatives d'assassinat se multiplient au tout début des années 1960, avec notamment la création de l'OAS (Organisation de l'armée secrète), prête à tout, y compris au terrorisme à grande échelle, pour conserver l'Algérie française.

Au sein même de l'exécutif, cette situation crée de grandes tensions, notamment entre le président de la République et son Premier ministre Michel Debré, ainsi que l'ont raconté les biographes du Général.

Puis, durant des décennies, l'Élysée ne connaît plus cette atmosphère si particulière qui caractérise les périodes d'épouvante collective, où la mort violente peut attendre chaque citoyen au coin de la rue.

Tout change le 7 janvier 2015.

Ma collaboration avec François Hollande a été marquée par les attentats de *Charlie Hebdo*, de l'Hyper Cacher, puis du Bataclan et des terrasses des cafés parisiens, et le 14 juillet 2016 de la promenade des Anglais à Nice. Je ne reviendrai pas en détail sur les heures qui ont marqué à tout jamais nos mémoires, car le président et ses anciens Premiers ministres ont écrit sur ces drames.

Pour ma part, je me souviens des nuits passées au ministère de l'Intérieur, et des décisions prises à l'Élysée pour éliminer les terroristes de *Charlie Hebdo* et de l'Hyper Cacher. Nous étions cinq dans le bureau du président avec Manuel Valls, chef du gouvernement, Bernard Cazeneuve, ministre de l'Intérieur, et Christiane Taubira, garde des Sceaux. C'est Bernard Cazeneuve qui assurait la liaison avec le GIGN et la DGSI, le service de contre-espionnage intérieur. En attendant le dénouement, nous discutions des mesures à prendre, de la communication que le président devrait faire aux Français après la neutralisation des terroristes, de la cérémonie internationale qu'il convenait d'organiser autour d'un immense rassemblement populaire.

Sur tous ces enjeux, le consensus régnait. Parfois Christiane Taubira et Bernard Cazeneuve dialoguaient en créole pour détendre l'atmosphère.

Le dimanche suivant, à l'initiative de François, une manifestation historique était organisée. Une multitude de chefs d'État et de gouvernement défilaient en tête du cortège, aux côtés du président français. Voir arriver ensemble le Premier ministre israélien et son homologue palestinien m'a beaucoup impressionné. De même, je n'oublie pas le dialogue profond et sincère entre Nicolas Sarkozy et François Hollande. Nicolas Sarkozy choisit ce jour-là de partir parmi les derniers du palais de l'Élysée, ce qui me permit de m'entretenir amicalement et respectueusement avec lui. Seule me choque alors l'absence de représentation politique américaine : Barack Obama n'a pas jugé bon de faire le voyage ou de confier cette mission à un prestigieux émissaire. Cela demeure aujourd'hui encore, pour moi, un mystère.

Dix mois plus tard, lors des attentats du Bataclan et des terrasses, c'est jour de match au Stade de France. Le président assiste à la rencontre amicale entre la France et l'Allemagne en compagnie de quelque 80 000 spectateurs. Je suis chez moi, en train de m'exercer sur mon vélo d'appartement, quand je suis alerté. Je n'ai pas mon portable avec moi et c'est mon épouse qui, jointe par mon adjoint Boris Vallaud, me fait savoir que je dois rejoindre l'Élysée au plus vite. J'y retrouve Constance Rivière, directrice adjointe du cabinet de François Hollande. Celui-ci est impressionnant par son sang-froid et sa capacité de concentration. Nous nous rendons ensemble, avec Constance, à la cellule de crise installée à quelques pas, au ministère de l'Intérieur. Nous y restons toute la nuit, et préparons le discours devant le Congrès, que le chef de l'État doit prononcer pour proposer une révision constitutionnelle destinée à renforcer l'état d'urgence et à permettre la déchéance de nationalité.

Le président décrète trois jours de deuil national les 15, 16 et 17 décembre 2015.

Puis se pose la question de la cérémonie d'hommage aux victimes aux Invalides. Nous sommes consultés, notamment, Constance et moi, sur le choix des artistes que nous allons solliciter pour intervenir dans ce cadre très particulier. Nous tombons vite d'accord sur la distribution : Natalie Dessay, les chœurs de l'Opéra de Paris, ainsi que les chanteuses Camélia Jordana, Nolwenn Leroy, Yael Naim. Nous proposons au président qu'une chanson de Jacques Brel figure au répertoire (il ne faut pas oublier que la Belgique a été touchée aussi par le terrorisme). Nous choisissons plusieurs chansons et François retient « Quand on n'a que l'amour ».

Au cœur de l'horreur : l'amitié

Durant tout son mandat, le chef de l'État maintient une activité européenne et diplomatique intense. Ses principaux champs d'intervention sont l'Ukraine, la Syrie et le Sahel. Je constate qu'à chaque décision courageuse qu'il prend, il n'est pas suivi par ses homologues. L'exemple le plus éloquent concerne la dérobade de Barack Obama. Le 30 août 2013, le président américain renonce à ordonner les frappes préparées contre le régime syrien à la suite des attaques à l'arme chimique dans la banlieue de Damas. C'est pourtant lui qui avait fixé cette « ligne rouge » de façon très explicite en 2012. Nous apprenons sa décision, cette volte-face, au pavillon de la Lanterne juste avant le dîner que nous nous apprêtons à partager, François

(Hollande), Valérie (Trierweiler), mon épouse et moi-même. C'est pour le président une énorme secousse.

Heureusement, à côté de ces moments de tension intense, et de ces déceptions amères, le chef de l'État utilise la diplomatie pour développer le *soft power* de la France. Cela se transforme parfois en des instants de vrai plaisir partagé. Ainsi se rend-il en Argentine avec la ministre de la Culture Audrey Azoulay. Il rencontre un groupe de musiciens argentins qui deviendront ses amis et animeront la soirée de ses soixante-dix ans organisée à Tulle en 2024.

Cet exemple montre combien, pour François, l'amitié n'est pas un vain mot. Bien sûr, comme lors de son mariage à Tulle avec Julie Gayet, nous retrouvons pour les grandes occasions ses compagnons d'armes comme Bernard Combes, le maire PS de la ville, ses « frères » comme Benjamin Biolay ou votre serviteur. Mais le clan amical hollandais est beaucoup plus vaste, et s'étend de Maxime Le Forestier à Bernard Cazeneuve (dont les talents d'imitateur de Giscard ont contribué au grand succès de cette soirée de fête). De Stéphane Le Foll à Fleur Pellerin, d'Audrey Azoulay à Michel Sapin, nombre d'anciens ministres ont toujours épaulé le président. Sans oublier son conseiller personnel, le journaliste Laurent Joffrin, qui l'accompagne avec son épouse Sylvie Delassus, qui est aussi l'éditrice de l'auteur Hollande.

Lors de cette soirée, Mazarine Pingeot, en pleine forme, symbolisait la fidélité mitterrandienne alors qu'Aurélien Rousseau, ancien directeur adjoint du cabinet de Manuel Valls puis de celui de Bernard Cazeneuve à Matignon, ex-directeur de cabinet d'Élisabeth Borne à Matignon toujours, puis éphémère ministre de la Santé[1], incarnait la solidité de l'amitié au-delà des clivages politiques habituels. Il devient le voisin de banc de François à l'Assemblée nationale. Aurélien est, il est vrai, capable de rivaliser d'humour avec l'ancien président, qui, on le sait, n'en est pas dépourvu.

Ainsi, loin d'être un président puis un opposant isolé, François est toujours très entouré. Chaque année nous fêtons nos anniversaires dans le cadre du « club des cinq » avec Jean-Maurice Ripert, Bernard Cottin, hélas disparu brutalement en 2025 et Michel Sapin. Tous de la promotion Voltaire.

Mais ce qu'il aime par-dessus tout, c'est se retrouver sur le terrain et arpenter la Corrèze ; pour ce faire, il a choisi de quitter le Midi – même si nous nous voyons régulièrement à La Croix-Valmer – pour s'y installer. Il habite une maison sur les hauteurs de Tulle et ne rate pas le marché du dimanche matin, y compris le lendemain de son mariage. De même, il soutient nombre de rencontres à domicile du club de rugby de Brive.

Ingratitudes

Dans ses fonctions à l'Élysée, François Hollande manifestait au contraire une certaine distance, même avec ses plus proches. Il se montrait ferme et exigeant sur les délais que nous devions respecter pour

1. Aurélien Rousseau a démissionné de son poste le 19 décembre 2023 en réaction à l'adoption de la loi immigration par l'article 49-3 de la Constitution.

remettre des notes ou prendre des rendez-vous, mais sans jamais être discourtois. En plus de quarante ans d'amitié, je ne l'ai jamais vu exploser.

Les réunions de préparation du conseil des ministres, qui se tenaient le lundi soir avec le secrétaire général du gouvernement, Marc Guillaume, se déroulaient donc toujours dans un bon esprit. Elles suivaient le rituel déjeuner du lundi avec le Premier ministre, que nous rejoignions pour le dessert, avec sa directrice de cabinet, Véronique Bédague, afin d'évoquer les nominations. Dans cet exercice, je n'ai jamais vu le président intervenir de manière très discrétionnaire ou trop dogmatique. À la différence d'autres, il ne coupait pas les cheveux en quatre à l'évocation de chaque nom.

Sauf pour ce qui concerne les grands établissements culturels et les ambassades les plus influentes, il laissait à son secrétaire général le soin de gérer le reste avec les ministres concernés. De même, il intervenait peu – voire pas assez – pour récompenser ses collaborateurs en les nommant par exemple dans les grands corps de l'État. Je n'ai observé pour ma part que deux cas : Pierre-André Imbert et Alice Ruffo. Le premier a été promu à la fin de son mandat de directeur de cabinet du ministre du Travail au tour extérieur de l'inspection des Finances. Encore faut-il préciser que Boris Vallaud, son remplaçant Thomas Cazenave et moi-même avons mis une pression commune pour favoriser cette nomination. Pierre-André Imbert a manifesté une étrange forme de reconnaissance à François Hollande en rejoignant très vite Emmanuel Macron, qui l'a nommé secrétaire général adjoint de la présidence de la République puis ambassadeur en Australie.

La seconde, Alice Ruffo, appartenait à la cellule diplomatique de l'Élysée mais souhaitait quitter le Quai d'Orsay, son administration d'origine, où elle ne se sentait pas bien. Elle désirait être nommée à la Cour des comptes au tour extérieur, mais François Hollande se montrait très réticent sur un tel choix et m'a dit de m'en débrouiller avec le premier président de la Cour des comptes, l'ex-socialiste Didier Migaud, qui sera garde des Sceaux dans le gouvernement de Michel Barnier. Je me suis exécuté. Alice a été promue selon son souhait et… s'est empressée de rejoindre la cellule diplomatique d'Emmanuel Macron comme numéro deux avant d'être choisie par le même Macron comme directrice générale du ministère des Armées.

Avec le recul, j'ai compris que François s'était montré bien avisé de rester à l'écart des nominations de prétendus « favoris ». La constitution d'un gouvernement, de ce point de vue, est l'un des exercices préférés de cette cour à laquelle j'ai, de fait, appartenu.

18.

L'art du gouvernement

Compétence ? Expérience ? Loyauté ? Poids politique ? Appartenance partisane ? Ancrage local ? Appartenance à la « société civile » ? Proximité avec le président ? Les critères ne manquent pas pour choisir les ministres et secrétaires d'État à chaque formation d'un nouveau gouvernement. Quoi qu'on en dise, c'est encore et toujours le cœur de l'action politique. Je veux dire : celle du président. Ce qui menace toujours ? C'est la pléthore. Pour rééquilibrer, on a tendance à ajouter, jamais à soustraire ; la constitution d'un gouvernement obéit à des règles, finalement peu connues.

À l'Élysée, j'ai joué un rôle très variable dans les promotions des uns et des autres. François Hollande décidait directement avec le Premier ministre, Manuel Valls puis Bernard Cazeneuve.

Durant toute la durée de mes fonctions, je n'assiste qu'à deux réunions destinées à lever des hypothèques. La première concerne le ministère de l'Éducation nationale, pour lequel le président hésite entre Fleur Pellerin et Najat Vallaud-Belkacem, qui l'emporte finalement.

La seconde est destinée à remplacer Arnaud Montebourg au ministère de l'Économie, après la fronde qu'il a menée contre le « tournant de la rigueur » amorcé par le chef de l'État. Le favori est Louis Gallois, ex-patron de Safran, de l'Aérospatiale, de la SNCF et d'Airbus. Mais ce grand industriel, doublé d'un remarquable serviteur de l'État, refuse cette proposition. Le poste échoit donc à Emmanuel Macron et scelle ainsi le destin que l'on sait.

Un savant mélange

Plus généralement, la composition du gouvernement est un savant mélange entre la volonté du président et les contraintes imposées par le résultat des élections. Le Premier ministre, choisi préalablement, est associé à cette sélection et peut désigner quelques proches pour parfaire la distribution. Ainsi, en 1988, je prends les fonctions de directeur de cabinet auprès de Roger Fauroux, ancien président de Saint-Gobain et très proche de Michel Rocard. Nous faisons tandem pour l'industrie et l'aménagement du territoire avec Jacques Chérèque, ancien leader de la CFDT, lui aussi dans la mouvance rocardienne. Ces deux personnalités, en revanche, n'étaient liées ni de près ni de loin à François Mitterrand, qui se méfiait de tous ceux qui pouvaient incarner cette « deuxième gauche » qu'il abhorrait.

En période de cohabitation, c'est le Premier ministre qui compose le gouvernement en tenant compte du pluralisme de sa majorité et en promouvant des profils consensuels dans les domaines qui relèvent en grande partie de l'autorité du président, comme les Affaires étrangères ou la Défense.

Ainsi, je me souviens qu'en 1997 Lionel Jospin avait nommé Hubert Védrine au Quai d'Orsay et Alain Richard à la Défense en pleine concertation avec Jacques Chirac. Il avait également tenu compte de sa majorité plurielle et appelé du Parti communiste Jean-Claude Gayssot, aux Transports, ainsi que Marie-George Buffet à la Jeunesse et aux Sports. De même, la dirigeante écologiste Dominique Voynet avait été chargée de l'Environnement.

Il convient aussi de garder un juste équilibre entre ses proches, qui sont souvent à la fois camarades de parti et concurrents. Lionel avait donc donné à Martine Aubry la place enviée de numéro deux du gouvernement, tandis que Dominique Strauss-Kahn s'emparait du puissant ministère de l'Économie et des Finances.

Au gré des circonstances, notamment politiques, des remaniements s'imposent en général pour tenir compte des courants d'un parti. Lionel Jospin avait ainsi accueilli deux figures de proue d'un courant concurrent du sien : Jack (Lang) puis Laurent (Fabius), qui avait remplacé à Bercy Dominique Strauss-Kahn confronté à l'affaire judiciaire de la MNEF.

Le Premier ministre promeut aussi, parmi ses conseillères, Florence Parly, qui était mon adjointe à Matignon avant de devenir ministre chargée du Budget. J'ai aussi suivi d'assez près la formation du gouvernement Fillon, après l'élection de Nicolas Sarkozy en 2007, pour la bonne et simple raison… que j'en faisais partie.

Avant d'être nommé, je suis comme d'autres convoqué au QG de campagne du président élu. Face à la surprise de François Fillon, j'explique ma présence par un appel de Claude Guéant, futur secrétaire général de l'Élysée. L'heure est à l'ouverture au-delà de la droite mais celle-ci n'est pas au goût de tout le monde… Nicolas Sarkozy, lui, m'accueille courtoisement dans son bureau et me demande si je serais intéressé par les Affaires européennes et dans ce cas si je saurais m'entendre avec mon ministre de tutelle, qui serait Hubert Védrine ou Bernard Kouchner. Je peux répondre positivement à ces différentes questions. Je suis très engagé sur l'Europe et je connais bien les deux personnalités pressenties pour le Quai d'Orsay.

Cette ouverture politique se produit alors que rien ne le laissait présager pendant la campagne, sauf peut-être à la fin la connivence qui s'était installée avec Les Gracques, ce groupe de réflexion social-démocrate dont je suis proche, et qui rêvait à l'origine d'une alliance entre Bayrou et les éléphants du PS. Cela n'était pas si mal vu au regard de la structure politique actuelle ! Et cela risque de rester d'actualité un bon moment !

Cette connivence avec des personnalités de l'opposition modérée va passer par plusieurs visages : Bernard Kouchner, Martin Hirsch ou encore Éric Besson ainsi que moi-même sommes choisis pour incarner la place du centre gauche voulue par le nouveau président alors que son électorat ne l'envisageait pas vraiment. Ce gouvernement rassemblait d'ailleurs les différentes tendances de la droite et du centre, de Valérie Pécresse et Alain Juppé à Xavier Bertrand, Jean-Louis Borloo ou Christine Lagarde.

Pour ma part, sur les conseils de François, je suis resté dans cette équipe jusqu'à la fin de la présidence française de l'Union européenne. Comme toujours, parlant trop, j'ai fait lors de mon dernier compte rendu à l'Assemblée nationale un signe de la main à Bruno Le Maire qui semblait le désigner comme mon possible successeur. Cela m'a valu, tout à fait légitimement, les critiques de l'Élysée et de Matignon.

Sur le perron du palais

Dès 2012, je me retrouve donc impliqué, au titre de conseiller informel, dans la formation du gouvernement après la victoire de François Hollande, auquel je conseille de choisir Jean-Marc Ayrault pour Matignon. Celui-ci me semble le plus à équidistance entre les différentes tendances du PS, de Manuel Valls à Arnaud Montebourg ou Benoît Hamon, en passant par les amis de Martine Aubry, alors première secrétaire du parti. De plus, comme maire de Nantes, il a su instaurer une collaboration fructueuse avec les écologistes, mouvement dont certaines représentantes, Cécile Duflot ou Delphine Batho, intègrent elles aussi ce gouvernement. Pour moi, Jean-Marc Ayrault sera le Pierre Mauroy de François Hollande.

Puis, à partir de 2014, c'est à l'Élysée que je participe plus concrètement à la constitution du gouvernement. Je découvre la difficulté qu'il y a à respecter à la fois la parité, les différentes « sensibilités » et les équilibres géographiques. Toutefois, la majeure partie du « casting » est choisie par le président et le Premier ministre en tête-à-tête. Nous n'intervenons, la directrice de cabinet de Manuel Valls, Véronique Bédague, et moi, que lorsque des interrogations émergent sur certains postes, notamment l'Économie, l'Éducation nationale ou encore la Culture.

Pour le reste, Véronique Bédague et moi appelons quelques personnalités pressenties pour devenir secrétaires d'État afin de savoir si elles sont intéressées par le poste qui leur est proposé. Puis nous vérifions que la liste est complète, autrement dit qu'aucun titre ministériel n'a été omis.

Comme tout secrétaire général, j'annonce depuis le perron de l'Élysée la composition de cette nouvelle équipe. Je garde le silence une demi-seconde de trop et fais montre d'un sourire satisfait avant de prononcer le nom d'Emmanuel Macron. Cela me vaudra des reproches et une punition : je n'apparaîtrai plus jamais en personne pour présenter la nouvelle architecture gouvernementale. Les nominations jusqu'en 2017 seront diffusées par communiqué de la présidence.

Après la démission de Manuel Valls, François Hollande choisit seul Bernard Cazeneuve comme Premier ministre. Pour le reste, le gouvernement est largement identique au précédent, puisque le chef de l'État a déjà fait part de son intention de ne pas se représenter. La fin de mandat n'est toutefois pas aussi paisible qu'on pouvait s'y attendre. Bruno Le Roux, qui prend la suite de Bernard Cazeneuve au ministère de l'Intérieur, doit démissionner au bout de quelques semaines pour avoir employé ses filles dès l'âge de quinze ans comme assistantes parlementaires à l'Assemblée nationale. Il est remplacé par Matthias Fekl, qui reste en poste un mois et dix-neuf jours !

Par la suite, je dois constater que l'inflation des effectifs s'est poursuivie. Alors qu'en 2017, avant l'élection d'Emmanuel Macron, le gouvernement comptait 30 ministres, il en comptera ensuite 40 et plus. Avec une mention particulière pour celui d'Élisabeth Borne, qui avec 567 conseillers ministériels est devenu le plus cher de la République !

Cet équipage ne se distingue donc pas par son agilité. Quand les fulgurances intellectuelles des uns et des autres ne sont pas évidentes, que reste-t-il ?

19.

Le déficit et les impôts, addictions françaises

Après une première exploration des méandres de l'État français, j'ai eu la chance de me retrouver au cœur du réacteur européen grâce à une rencontre qui a marqué ma vie, celle d'un ancien syndicaliste devenu homme d'État : un certain Jacques Delors. Lorsque je le servais à la Commission européenne, au milieu des années 1990, nous suivions de près la politique économique française qui, bien que ne respectant pas à la lettre tous les critères de Maastricht alors en pleine élaboration, demeurait sage sous la responsabilité de Pierre Bérégovoy bien secondé par Hervé Hannoun, puis par Édouard Balladur aidé par Jean Arthuis.

En vérité, notre principale préoccupation consistait à estomper les divergences avec nos partenaires allemands sur le degré de flexibilité qu'il fallait donner aux critères de convergence avant la mise en œuvre de ce qui apparaissait à l'époque comme une révolution : celle d'une monnaie commune à tous les pays européens, l'euro.

Il fallait, nous en étions d'accord, un pacte de stabilité budgétaire pour en faire une devise forte. Selon les thèses allemandes, tout dépassement au-delà de 3 % du PIB pour le déficit public devait déclencher des sanctions automatiques allant jusqu'à la sortie de l'euro. Les autorités françaises, au contraire, désiraient s'en tenir à des avertissements et à des mises en garde, éventuellement assortis de réductions des dotations budgétaires. Il faut dire que l'accord de Maastricht aurait été impossible sans la volonté du président François Mitterrand à l'époque et sans la lucidité qui l'a poussé à abandonner des pans de la souveraineté nationale au profit d'une Europe plus forte.

Quant à Delors, il s'était battu pour soutenir le principe du pacte de stabilité, avec les critères de 3 % du PIB pour le déficit et 60 % du PIB pour la dette, mais sans sanction automatique en cas de dépassement.

L'accord a été conclu à Dublin en décembre 1996.

Au moment même où les membres de la future zone euro s'accordaient dans la capitale irlandaise, les premières estimations du déficit public français par rapport au produit intérieur brut circulaient dans la forteresse de Bercy : 4,1 % ! La dette, elle, se situait juste au-dessous des 60 %. Ministres et conseillers s'arrachaient déjà les cheveux pour tenir la promesse de retour aux 3 %. Pourtant, comparés à la situation actuelle, le déficit et l'endettement ressemblaient à un enchantement. Jacques Delors connaissait bien son pays !

Le dérapage qu'ont connu les finances publiques en 2024 a suscité un sentiment de sidération. Quand ils découvrent, à la fin de l'année 2023, que la croissance plus faible que prévu entraîne de moindres recettes fiscales, ni le directeur du Trésor ni les ministres concernés ne veulent rendre publics les chiffres. Il s'agit en effet d'une véritable bombe, du jamais vu sous la Vᵉ République.

Afin de demeurer crédible aux yeux des marchés et des règles européennes, la seule solution consiste à élaborer un plan d'assainissement à moyen terme, à l'horizon 2030-2031, pour ramener le déficit budgétaire autour de 3 % du PIB. Cet objectif ne pourra en effet être atteint sans de profondes réformes, qui passent par la réduction du nombre de structures et la suppression des nombreux doublons qui perdurent dans la sphère administrative française.

Le déficit comme seul horizon

J'ai pour ma part vécu toute ma vie professionnelle avec des budgets en déficit, mais dans des limites raisonnables, et cela alors que les règles du traité de Maastricht n'étaient pas encore en vigueur. De 1984 à 1988, j'étais chargé de la partie « recettes » dans les projets de loi de finances au Parlement. Cela m'a valu de passer de nombreuses nuits blanches avant que soient votés les articles d'équilibre (étrange appellation !) qui concluent l'examen de la première partie du budget et autorisent à passer ensuite à celui des dépenses.

Je n'ai alors connu qu'un seul déficit au-delà des 3 % du PIB. C'était en 1985. Il s'élevait à 3,2 % et a été réduit progressivement jusqu'à 2 % pour le budget 1988. Dans le même temps, la fiscalité a été réduite. La tranche supérieure de l'impôt sur le revenu a vu son taux passer de 60 à 50 %. L'impôt sur les grandes fortunes (IGF) a été supprimé, conformément à une recommandation constante de l'administration fiscale. De fait, celle-ci considérait qu'au regard des droits de mutation et de succession, ainsi que de l'imposition des plus-values, le capital, surtout immobilier, apparaissait suffisamment taxé. Même mouvement de baisse, de 50 à 41 %, des impôts sur les sociétés et de production.

J'ai également participé à la création du « crédit d'impôt recherche » (CIR) qui était destiné à encourager les entreprises à engager des activités de recherche et développement. Ce dispositif est toujours en vigueur près de quarante ans plus tard, il n'a pas pris une ride et beaucoup d'entreprises européennes nous l'envient.

Aussi loin que remontent mes souvenirs de haut fonctionnaire, la tentation d'augmenter les impôts, le plus souvent sans le dire vraiment, afin de combler le déficit budgétaire, cette tentation donc a toujours été présente. Les débats parlementaires étaient intenses, avec de multiples amendements et de longues interruptions de séance. Ce qui m'a frappé, à l'époque, étaient les retrouvailles de nuit entre députés de la majorité et de l'opposition, les mêmes qui s'écharpaient en séance publique. L'un des sujets récurrents concernait la suppression des privilèges des bouilleurs de cru, sur laquelle voulaient revenir de nombreux élus de départements ruraux. Les gouvernements que j'ai servis, de gauche puis de droite pendant la première cohabitation, n'ont jamais cédé. Mais je remarquais aussi qu'ils n'acceptaient pas, dans le volet « recettes », que soient taxés davantage les vins et autres alcools français.

La dette publique n'était pas un sujet fréquemment abordé, dans la mesure où elle représentait moins de 35 % du PIB. Enfin, que ce soit dans une Assemblée élue au scrutin majoritaire (en 1981) ou à la proportionnelle (1986), l'article 49-3 n'a jamais été appliqué pour le vote du budget.

Quand j'étais directeur adjoint du cabinet de Lionel Jospin à Matignon, entre 1997 et 2000, nous avons veillé, avec Dominique Strauss-Kahn, Christian Sautter puis Florence Parly et Laurent Fabius, à maintenir le déficit en deçà de 3 % du PIB. Il a même été ramené à 2 % en 2000 et 2001. Cela ressemble aujourd'hui à une situation si saine et si confortable qu'on n'oserait presque en rêver ; c'était pourtant, encore et toujours, un déficit, qu'il fallait bien financer par l'endettement.

En tant que directeur du Trésor, de 2000 à 2004, je n'ai suivi le budget qu'au regard du respect des critères de Maastricht et du jugement des marchés. J'ai accompagné ou représenté le ministre soit à l'Eurogroupe, soit au conseil européen des ministres des Finances, soit aux G7, G20 et assemblées générales du FMI à Washington. Il faut remarquer que le président n'était a priori jamais saisi de ces – basses – questions d'intendance. Le président plane au-dessus de ces contingences !

Le budget de l'État, en toute logique, dépendait donc surtout de la direction du Budget et de celle des Finances publiques. Cette « muraille de Chine » entre Trésor et Budget a créé quelques frictions quant à notre représentation aux réunions de Bruxelles. La direction du Budget considérait, non sans fondement, qu'il lui revenait au regard de ses compétences de siéger dans ces instances qui la concernaient au premier chef. Néanmoins, au nom d'une certaine hiérarchie non dite et non écrite, le Trésor a conservé cette prérogative. Pour ce faire, il a souligné que les aspects budgétaires ne constituaient qu'une partie de l'union économique et monétaire et de la politique de l'euro.

À cette époque, nous sonnions l'alerte rouge quand le déficit approchait des 4 % comme ce fut le cas au début des années 2000. D'autres pays, tel le Portugal, ont failli être exclus de la zone euro parce que leur déficit dépassait les 5 % de leur PIB. Nous les avons défendus face aux Allemands et aux Néerlandais, en leur soumettant un plan d'ajustement à trois ans qu'ils ont respecté. Aujourd'hui, le Portugal est une des économies européennes les plus performantes avec des finances très saines qui lui permettent d'emprunter à des taux plus intéressants que la France. Ce pays, gouverné jusqu'au printemps dernier par les socialistes, a vu le solde primaire de ses finances publiques passer d'un déficit de 8,5 % du PIB en 2010 à un excédent de plus de 3 % en 2023. Cette même année, la dette est repassée sous le seuil des 100 % du PIB, et s'y est maintenue en 2024.

De 2014 à 2017, j'ai veillé en étroite concertation avec Christian Eckert, secrétaire d'État chargé du Budget, à éviter les dérapages de début de mandat, pour ramener le déficit à 3 % du PIB en 2017.

C'est dire si, malgré la permanence des déficits depuis 1975 et l'addiction fiscale éternelle de notre royaume, la situation est différente de nos jours. La promesse de ne pas augmenter les impôts a volé en éclats, tandis que l'endettement de la France, supérieur à 110 % du PIB, représente une difficulté majeure quand il s'agit d'augmenter substantiellement l'effort de défense.

C'est aussi là que réside le danger de voir émerger dans les prochaines années une France rétrécie, impuissante, voire sous tutelle.

20.

Bercy, vraie-fausse citadelle

Le ministère de l'Économie et des Finances demeure la plus grande féodalité civile de l'État. Face à lui, même les oligarques mettent un genou à terre, pour ne pas parler des simples contribuables. Son déménagement du Louvre à Bercy, durant l'été 1989, était redouté par de nombreux hauts fonctionnaires, qui l'envisageaient comme une relégation, à tout le moins un éloignement des centres névralgiques du pouvoir que sont l'Élysée et Matignon. Certains de mes collègues avaient même trouvé à la nouvelle implantation un surnom évocateur : Alcatraz ! D'autres, d'emblée, ont apprécié ses allures de ville dans la ville, qui les confortaient dans l'idée que leur ministère était et demeurerait un État dans l'État.

À dire vrai, il n'impose pas sa loi aux gouvernants, même s'il est d'usage qu'il surveille de très près les comptes des autres administrations centrales ou décentralisées. Depuis l'Ancien Régime, telle a toujours été la mission des trésoreries avec des pouvoirs de plus en plus étendus.

Mais Bercy ne saurait être considéré comme une forteresse inattaquable. En son sein, de très grandes directions, tels le Trésor, le Budget, les Finances publiques, n'ont pas toutes les mêmes vues.

Le Trésor privilégie l'investissement, l'ouverture internationale, la compétitivité, le rendement des participations de l'État, l'épargne, la solidité financière des banques et des assurances, même si certains sacrifices budgétaires s'avèrent parfois nécessaires. Car le Trésor et son directeur veillent aussi, je l'ai vécu personnellement, au respect de toutes les règles européennes en matière économique et financière, notamment les critères de convergence au sein de la zone euro. Ils conseillent le ministre sur les questions du déficit budgétaire et de la dette, mais lui font aussi part des observations relatives à la situation financière de la France qui peuvent être faites par le Fonds monétaire international (FMI) ou les agences de notation comme Moody's ou Standard & Poor's. Ainsi, quand je constatais que le déficit commençait à déborder un peu trop (à l'époque, le chiffre de 3,5 % mettait tout Bercy en émoi), j'allais immédiatement alerter le ministre[1] sur cette menace de dérapage. Puis celui-ci se tournait vers le directeur du Budget pour envisager des mesures d'économies, ou vers celui des Finances publiques pour envisager des hausses d'impôts.

Le Budget se concentre en effet sur la maîtrise des dépenses et les performances de l'administration publique en veillant autant que faire se peut à éviter tout sureffectif.

La direction des Finances publiques (DGFiP, issue de la fusion en 2008 de la direction de la Compta-

1. D'abord Laurent Fabius, puis Francis Mer, puis très brièvement Nicolas Sarkozy.

bilité publique et de celle des Impôts) s'attache à l'élaboration et à l'encaissement des taxes et impôts, en cherchant à la fois un rendement optimal et une juste répartition entre contribuables. De plus en plus, elle veille à ce que les relations avec les usagers soient plus fluides et plus transparentes. L'exemple particulièrement emblématique de cette préoccupation est la retenue à la source de l'impôt sur le revenu, maintes fois reportée par crainte des réactions des contribuables, qui s'est révélée un remarquable succès, n'en déplaise à tous les prophètes de malheur qui avaient prédit l'apocalypse.

L'idée n'est pas nouvelle, puisqu'elle remonte à… Louis XIV. Le Roi-Soleil, en 1710, avait un besoin urgent d'argent frais pour financer ses guerres, comme le rapporte Olivier Poncet, professeur à l'École des chartes[1]. « Le roi et ses responsables des finances avaient tout essayé, multipliant les taxes indirectes, dévaluant sans cesse les espèces métalliques, inventant les billets de monnaie, empruntant à tout-va, vendant à tour de bras des centaines d'offices (utiles ou non), etc. », explique Olivier Poncet. Une situation financière qui n'est pas sans rappeler l'actualité politico-financière de la France. C'est ainsi que fut mise en place, en toute hâte, la première expérience de prélèvement à la source, d'un montant de 10 % sur les gages, les prélèvements et les rentes… prélèvement qui rapporta, dans les six mois, l'argent frais nécessaire à la couronne de France. Preuve que la créativité fiscale, dans notre pays, ne date pas d'hier.

1. Olivier Poncet, « La retenue à la source : Louis XIV y avait pensé », *L'Histoire* n° 455, janvier 2019.

La DGFiP est d'ailleurs un modèle à observer de près pour qui veut réformer l'État. Outre le prélèvement à la source, elle a procédé à la digitalisation des déclarations et des rapports avec les contribuables. C'est l'administration qui s'est le plus modernisée au cours des dernières années.

Ces différences, certes subtiles, entre les objectifs poursuivis par les grandes directions contribuent à ce que Bercy ne soit pas une forteresse imprenable, apportant la preuve que lorsqu'il y a un projet, en l'occurrence la modernisation de la relation avec le contribuable, il n'est nul besoin de l'autorité présidentielle pour aboutir. D'ailleurs l'Élysée passionne souvent plus le microcosme médiatique que l'univers de l'administration. Il faut aussi compter avec les rivalités entre services, voire entre directions.

Ainsi, quand j'étais directeur du Trésor, ma collègue du Budget a beaucoup œuvré pour tenter de prendre ma place au côté du ministre, à l'époque Laurent Fabius, lors des réunions de l'Eurogroupe. Elle considérait que les critères de convergence reposaient en grande partie sur des enjeux budgétaires, enjeux qui relevaient de sa compétence. Elle n'a pas eu gain de cause et j'ai continué à accompagner le ministre non seulement à Bruxelles mais aussi à Washington, pour l'Assemblée générale annuelle du FMI. C'était considéré par le tout-Bercy comme un immense privilège. C'était en tout cas un incontestable levier d'influence, tout autant qu'un poste d'observation ultra-privilégié.

La dette, un impensé français

La question de la dette est de ce point de vue emblématique. Quand Francis Mer, un grand patron venu de la « société civile », succède à Laurent Fabius après la réélection de Jacques Chirac, en 2002, je me fais un devoir de le prévenir que la dette française va dépasser les 60 % du PIB autorisé, un pourcentage que l'on jugerait raisonnable de nos jours mais qui à l'époque était considéré comme la cote d'alerte, au-delà de laquelle un pays se plaçait en grave infraction. Je le mets en garde : il ne va pas pouvoir, contrairement à son habitude, faire la leçon à ses homologues espagnols ou portugais, comme il l'a déjà fait, tel le chef d'entreprise un peu rugueux et « droit dans ses bottes » qu'il est et restera.

Il décide que l'affaire est assez grave pour qu'il sollicite une audience auprès du président Chirac. Je lui prépare moult graphiques pédagogiques pour qu'il plaide sa cause le plus efficacement possible. Pendant ce temps, il fait le siège de l'Élysée où on ne lui déroule pas le tapis rouge. On ne veut pas notamment le laisser en tête-à-tête avec le président ! Certains proches de Chirac veulent participer à l'entretien. Globalement, l'entourage à l'Élysée veut garder le contrôle de la situation : autrement dit, éviter toute prise de conscience des risques que le déficit et l'endettement accéléré font courir à la France – un danger majeur. Finalement, le rendez-vous a lieu entre les deux hommes directement. Mais le nouveau ministre en revient plus que dépité. Le président s'est rapidement agacé en écoutant son exposé et en le voyant sortir ses *slides* pour une projection où des courbes extrapolant l'explosion de la dette sont présentées. Au bout de dix minutes, le président a interrompu son ministre des Finances « à la Chirac » : « OK Mer, j'ai compris, mais jusqu'ici on ne s'est pas trop mal démerdé, non ? On pourrait continuer comme ça, non ? »

Francis Mer doit donc faire profil bas dans les réunions internationales, particulièrement celles du FMI où il lui est plus que désagréable d'essuyer des remontrances de la part de l'institution devant l'ensemble de ses homologues. Nous avons toujours réussi, durant mon mandat au Trésor, à éviter cet outrage.

Autre difficulté, à la même époque : le ministre de l'Économie et des Finances, et le ministre délégué au Budget Alain Lambert ne s'entendent vraiment pas. Au point de ne plus s'adresser la parole. La forteresse est alors coupée en deux, et chaque direction sommée de choisir son camp. Le Trésor opte pour Francis Mer, le Budget pour Alain Lambert. Une sorte de ligne invisible sépare les deux factions, qui ne peuvent communiquer que dans la plus grande discrétion. Ubuesque !

La volonté de François Hollande, à partir de 2012, de faire de la lutte fiscale contre les riches un symbole de son quinquennat, ou le « quoi qu'il en coûte » d'Emmanuel Macron pendant – et après ! – la pandémie de Covid-19 contrarient ainsi vivement les gardiens du temple… Ceux-ci, directeurs mais aussi experts ou collaborateurs, sont pourtant bien obligés de se plier aux quatre volontés présidentielles. Le ministère de l'Économie et des Finances est alors condamné à subir ces directives politiques. Sans pouvoir protester. De fait, la présidence se fait entendre mais impose-t-elle pour autant l'austérité et la rigueur qui auraient été nécessaires à l'époque ? Réussit-elle à encadrer la progression des dépenses publiques pendant près de vingt ans ? La réponse est négative, à l'évidence.

Ce n'est pas nouveau. Lorsque j'étais un jeune haut fonctionnaire à la direction des Impôts, au début des années 1980, nous avions fait savoir notre extrême réserve envers l'impôt sur la fortune que le gouvernement Mauroy voulait instaurer. On pouvait être de gauche, une gauche prudente, sociale-démocrate en un mot, et opposé déjà à la hausse continue des impôts et autres prélèvements : j'assume ! Pour écarter donc ce projet d'impôt sur la fortune, le futur ISF, nous insistions sur la pression fiscale qui existait déjà à travers la taxation des mutations-successions ou des plus-values. Dans le même esprit, nous nous sommes opposés à l'élargissement de l'assiette de l'impôt sur les sociétés, notamment pour préserver la compétitivité des PME. Nous nous sommes aussi élevés contre des hausses de TVA sur les produits alimentaires et l'instauration de niches fiscales en faveur des sociétés et organismes culturels. Le seul crédit d'impôt que nous avons défendu est celui qui bénéficie, aujourd'hui encore, à la recherche et à l'innovation. Quand Bercy lutte contre la pression fiscale !

Quand j'étais directeur du Trésor, j'ai continué à me battre. Contre l'accroissement des subventions au CNC (Centre national du cinéma), par exemple. J'ai aussi tenté d'empêcher la prise de contrôle de Framatome par Areva, voulue par Laurent Fabius et son successeur Francis Mer. J'estimais en effet que Framatome était une entreprise d'équipements nucléaires très solide et qu'il fallait laisser à Areva le temps de se développer. Après de multiples notes personnelles, des réunions avec les ministres et leurs conseillers, et malgré le soutien du PDG d'EDF François Roussely, j'ai dû m'incliner face à la très forte influence d'Anne Lauvergeon, ex-secrétaire générale de l'Élysée, qui cumulait, au-delà de l'estime et de la confiance que lui avait accordées le président Mitterrand, des soutiens venus de toutes les sensibilités politiques. Malheureusement, l'histoire m'a donné raison car le développement trop impérial d'Areva et de sa PDG a entraîné leur chute commune.

Plus généralement, occuper un poste de responsabilité à Bercy consiste en grande partie à lutter contre les innombrables pressions qui s'exercent, à l'intérieur comme de l'extérieur de l'appareil d'État, soit directement, soit à travers les députés et les sénateurs, parfois très perméables à certaines doléances.

Quand nous étions encore « à Rivoli », comme on disait entre nous de notre ancienne implantation, nous nous battions déjà contre des amendements visant à rétablir les privilèges de bouilleurs de cru, et avons continué de le faire une fois installés à Bercy. Toucher à la moindre niche fiscale tient depuis toujours de l'exploit, et nous nous attachions surtout à éviter qu'il s'en crée de nouvelles, ce qui occupait une part non négligeable de notre temps.

C'est sur les enjeux européens qu'avec le Budget, nous luttions pour contenir les dépenses de fonctionnement ou d'intervention sociale que tel ou tel ministre voulait à tout prix augmenter.

Il serait toutefois exagéré, et même faux, d'imaginer que Bercy fait la pluie et le beau temps au sein de l'exécutif. En 2024, le ministre Bruno Le Maire n'a-t-il pas échoué à imposer à l'Élysée l'adoption d'une loi de finances rectificative, adoption qu'il considérait comme nécessaire au vu des prévisions de recettes sous-évaluées ? Emmanuel Macron ne voulait pas en effet se mettre à dos l'opinion avant ce qui est devenu la fameuse dissolution. Et après il ne pouvait plus en être question pour un homme isolé et sans majorité, même relative. Là encore, l'interventionnisme présidentiel s'est révélé contre-productif sur un sujet pourtant crucial : la dette.

Plus généralement, entre 2022 et 2024, nul ne peut sérieusement considérer que le locataire de Bercy a orienté la politique du pays, si ce n'est dans les actions de soutien au développement des entreprises, impulsion donnée d'ailleurs par l'Élysée dès 2017.

Le grand dérapage des finances publiques en 2024, avec un déficit budgétaire supérieur de 24 milliards d'euros à celui de 2023, et de 50 milliards d'euros par rapport à celui qui était prévu, est une entorse à la transparence des comptes publics et à la sincérité budgétaire. Il nuit à la crédibilité du gouvernement en cause et plus généralement des responsables politiques aux affaires. Raison pour laquelle la commission des finances de l'Assemblée nationale a obtenu de se constituer en commission d'enquête parlementaire pour tenter d'élucider les raisons de l'embardée des finances publiques en 2024. Ses conclusions n'ont pas apporté de réponse convaincante.

Bercy, enfin, ne peut être une forteresse imprenable du fait de la dépendance de la France envers les grandes instances internationales : la Commission européenne, qui instruit une procédure pour déficit excessif à l'encontre de la France ; les agences de notation, qui donnent le *la* aux investisseurs internationaux qui achètent de la dette française et fixent donc, indirectement, les taux d'intérêt imposés au pays ; le FMI, enfin, qui ne se prive pas de rendre des avis peu amènes sur la gestion des finances publiques.

La France, en quelques décennies, a donc perdu du terrain sur les principaux sujets relevant de l'économie, qu'il s'agisse du déficit commercial qui est plus élevé que jamais ou du niveau de vie de ceux qui sont en difficulté et, plus encore, de solidité financière et d'indépendance.

Qui va donc incarner l'indispensable sursaut désormais ?

21.

Du sommet à l'« État profond »

L'année 2024 aura connu la plus grande instabilité gouvernementale depuis 1934 : pas moins de quatre Premiers ministres en un an, sans compter que pendant plus d'un trimestre, des ministres démissionnaires ont expédié les affaires courantes. Et tout cela sans que le moindre budget soit voté au 31 décembre ! Qui aurait pu prédire cette situation, marquée par une très grave crise financière, des drames ou révoltes outre-mer, une influence française en berne en Europe comme ailleurs dans le monde ? La Vᵉ République voulue par le général de Gaulle résiste encore mais elle a perdu quelques-unes de ses plus belles couleurs.

Sa Constitution et ses institutions garantissent en effet stabilité politique, sécurité budgétaire et financière, influence nationale et souveraineté grâce à des prérogatives présidentielles et à des dispositions destinées à limiter le pouvoir du Parlement pour ne pas ajouter du désordre au désordre.

Après cet *annus horribilis*, nombre d'interrogations se sont fait jour sur la pertinence de nos institutions, alors que ce sont en réalité nos dirigeants qui ont perdu le cap. Si jusqu'à aujourd'hui, aucune insurrection n'a conduit à une crise de régime, jamais la division et la polarisation n'ont atteint un degré aussi élevé dans notre pays, le tout dans un contexte de défiance et d'indifférence inégalé. Si « cela tient », c'est sans conteste parce que nous disposons toujours, quoi qu'on en dise, d'un État fort et d'administrations responsables.

Derrière la vitrine du chaos parlementaire qui règne depuis 2022, et plus encore depuis 2024, les fonctionnaires « font le job ». Ils savent, et c'est heureux, gérer les affaires courantes quand il n'y a plus de gouvernement. Ils avaient rédigé une loi spéciale pour permettre à l'État de continuer de fonctionner en l'absence de tout budget, et cela avant même que le Premier ministre Michel Barnier ne soit censuré, début décembre 2024. Les directeurs de Bercy se sont demandé jusqu'où pouvait aller ce texte sans encourir les foudres du Conseil constitutionnel, au motif qu'un gouvernement démissionnaire (celui de Michel Barnier en l'espèce, qui allait présenter cette loi spéciale au Parlement) ne doit prendre aucune disposition politique et doit se contenter de gérer les affaires courantes.

Cette tempête est passée, mais tant d'autres, notamment géopolitiques, commencent à souffler. Il est indispensable, en ces temps difficiles, que le sommet et l'« État profond » se coordonnent le plus efficacement possible. Or, moins le soutien aux institutions et aux politiques s'affirme, plus la communication et les conseils, plus les agences et les lobbies en tout genre grippent nos chaînes de décision et font donc perdre son agilité à l'État.

La valse des gouvernements n'arrange rien. Les ministres, dans de nombreux secteurs, quittent leur poste avant même d'avoir fait le tour de leurs responsabilités. Leur utilité comme leur lien avec la société s'en trouvent du même coup rétrécis.

En raison de ce mouvement de chaises musicales, les administrations sont elles-mêmes perdues entre les ministères qui changent fréquemment de périmètre et de titulaire.

Dans ce qu'il faut bien appeler une crise politique, a surgi en avril 2025 une nouvelle cause de discorde : la double condamnation de Marine Le Pen, à une – sévère – peine de prison, assortie de l'exécution provisoire du jugement.

On a alors tout vu : un Premier ministre (François Bayrou) rappelant qu'il ne peut pas commenter une décision de justice tout en affichant sa réprobation (son « trouble » comme il l'a dit), de violentes protestations alors même que c'est le Parlement qui avait récemment durci la loi, l'indignation des syndicats de magistrats mais aussi des juges, à la suite de menaces limitées à ce jour mais réelles contre certains d'entre eux… Les sources de tension sont là qui malheureusement contribuent à mettre de l'huile sur le feu.

L'État omniscient ?

L'État, chez nous, est donc à la fois affaibli et, c'est le paradoxe, tout-puissant. Au moins sur le papier. Son gonflement se traduit en effet par une inflation de textes réglementaires, et de normes en tout genre. Toutes les tentatives pour inverser le mouvement sont jusque-là demeurées vaines, y compris de la part de l'Élysée. Quel successeur avait l'envergure, l'aplomb pour bloquer cette folie des dépenses publiques propres à la France ? Toutes les bonnes volontés sont sans influence et elles le resteront tant que le mal ne sera pas traité à la racine.

Or, la racine, c'est à la fois la multiplication des structures, qui doivent justifier leur existence par une production de nouvelles règles, et l'incapacité politique à réformer.

C'est pourquoi les charges régulières contre l'« État profond », l'ensemble de ces administrations qui font souvent de leur mieux pour être à la hauteur de leur mission de service public, me semblent la plupart du temps injustes et aboutissent surtout à des conclusions erronées.

Aucun rabot – pas même une hache – ne parviendra à résoudre le problème d'un État qui gonfle alors même que son autorité et sa légitimité ne cessent de se réduire. Le vrai courage réside dans une suppression du « gras » inutile, à savoir ces agences et ces structures intermédiaires trop nombreuses, que ce soit à l'échelon administratif ou politique.

Rien ne sera possible tant que s'empileront communes, métropoles, communautés de communes, conseils départementaux, conseils régionaux... Il faut se résoudre à supprimer au moins un échelon, faute de quoi le nombre de fonctionnaires territoriaux continuera d'augmenter sans pour autant que les citoyens aient le sentiment d'être mieux servis, surtout dans les territoires ruraux.

C'est un enjeu politique majeur, si important qu'aucun gouvernement n'a eu à ce jour le courage d'aller jusqu'au bout. Toutes les solutions mises en œuvre se sont révélées contre-productives, entraînant une augmentation et non une diminution des dépenses globales.

C'est avec ce cercle infernal qu'il convient de rompre, faute de quoi l'impuissance politique sera définitivement actée dans l'esprit public. Étant donné la crise que nous connaissons actuellement, ce constat n'a rien de rassurant. D'ailleurs le poids des deux partis extrémistes – LFI et RN – n'a cessé de se renforcer ces dernières années. Jusqu'où iront-ils ?

Le rôle des partis

Récemment encore, il semblait relever de l'évidence que le rôle des partis, fondamental sous la IVe République, s'était justement étiolé sous la Ve. Certes, celle-ci s'est fondée sur le gaullisme mais aussi sur ses oppositions de gauche, le Parti communiste et la SFIO, ancêtre du PS, ainsi que sur quelques restes centristes du MRP (Mouvement républicain populaire) au gouvernement jusqu'en 1962.

Toutefois, la réalité politique a été marquée pendant des décennies par une opposition gauche-droite très structurée. D'un côté, le Parti socialiste se développait après sa refondation au congrès d'Épinay, en 1971, et mettait tous ses espoirs d'alternance sur le programme commun signé avec les communistes et les radicaux de gauche en 1973. De l'autre, les gaullistes, réunis au sein d'un parti au nom changeant (UNR, UDR puis RPR...), ont formé à partir de 1974 un couple pas toujours bien assorti ni accordé avec les centristes libéraux de l'UDF, une formation fondée sous l'égide de Valéry Giscard d'Estaing en 1978. À droite, cette dualité perdurera jusqu'en 2002. Elle prend fin avec la création de l'UMP (Union pour un mouvement populaire), concomitamment au second mandat présidentiel de Jacques Chirac. L'UMP soutient ensuite la candidature puis la présidence de Nicolas Sarkozy, avant de se déchirer dans de multiples querelles à partir de la défaite de ce dernier à la présidentielle de 2012. Sarkozy en reprend la présidence en 2014 et décide de la rebaptiser « Les Républicains ».

Fractures françaises

Ce paysage politique traditionnel est assez conforme à celui qui domine dans les pays de l'Union européenne, jusqu'à l'émergence du populisme et la montée de l'extrême droite.

Il se caractérise par la stabilité des grands leaders politiques : jusqu'en 2017, pas de candidat surprise à l'élection présidentielle, dont on connaissait des années à l'avance les principaux candidats. Le marché des prétendants, de chaque côté de l'échiquier politique, était transparent.

Cela n'empêchait pas, bien entendu, les rivalités internes. Les congrès du PS, dans les années 1970, ont vu s'affronter mitterrandistes et rocardiens. Puis ce furent les jospinistes et les fabiusiens qui se sont entre-déchirés. En 1990, au congrès de Rennes où je me trouvais avec Roger Fauroux, ministre de l'Industrie dans le gouvernement Rocard, les débats étaient très houleux, les nuits rythmées par les allées et venues des R25, et il ne fut pas évident de trouver un arbitre en la personne de Pierre Mauroy, que j'ai commencé à mieux connaître à cette occasion.

Au RPR, à la même époque, Chirac doit aussi affronter – on l'a un peu oublié – une fronde sévère incarnée par ses cadets, douze parlementaires jeunes et ambitieux, venus pour moitié du RPR et pour moitié de l'UDF, qui s'étaient baptisés « les rénovateurs » (Michel Noir, Alain Carignon, Philippe Séguin, mais aussi François Fillon et Michel Barnier, ainsi que… François Bayrou !). Tous ces jeunes loups n'avaient pas digéré la défaite de leur camp à la présidentielle en 1988. Ils pestaient contre les haines recuites qui cimentaient le trio Chirac-Giscard-Barre. Ils n'avaient aucun programme commun, si ce n'est celui de ne pas lanterner trop longtemps dans l'opposition. Pour cela, ils préconisaient la création d'un parti unique de la droite, une idée qui fera son chemin… quatorze ans plus tard.

Pendant tout ce temps, le rôle des partis s'est effacé derrière celui des hommes. Selon moi, c'est l'introduction de primaires, d'abord à gauche, puis à droite, pour sélectionner le candidat de chaque camp à la présidentielle qui a tout déréglé. Ces scrutins à géométrie variable ont affaibli, voire crucifié, les candidates des deux grands « partis de gouvernement » en 2022 : 1,7 % pour Anne Hidalgo ! Moins de 5 % pour Valérie Pécresse ! Dans un camp comme dans l'autre, jamais les concurrents aux primaires n'ont réussi à s'entendre...

Il en est résulté une perte de leadership qui n'a pas échappé aux électeurs, lesquels se sont détournés des partis traditionnels, devenus à la fois moins audibles et moins incarnés. Preuve que la réplique du mode de sélection américain n'est pas transposable en France.

Les partis extrémistes ne s'embarrassent pas de primaires, pas plus d'ailleurs que les aventuriers de la démocratie comme Emmanuel Macron – qui en refusa le principe –, devenus depuis les premiers rôles d'un nouveau système partisan.

Dans le même temps, et selon une logique implacable, le militantisme s'est considérablement étiolé dans tous les grands partis démocratiques. Cependant subsiste un paradoxe. Les partis traditionnels de droite et de gauche, laminés aux élections nationales, demeurent puissants à l'échelon local ou régional, en dépit de la montée des extrêmes et particulièrement du RN. Les figures locales en poste depuis plus de dix ans, à Paris, à Toulouse, à Lille, ne font que souligner un peu plus l'absence de représentation nationale de ces partis. Cela n'est pas sans rapport avec la décision, prise sous le quinquennat de François Hollande, d'interdire le cumul des mandats.

L'ancien président reconnaît aujourd'hui une décision mal préparée, qui éloigne les élus de la nation des réalités vécues par les Français, qui réduit le champ de recrutement des leaders et ne permet pas à de nouveaux mouvements de s'implanter localement.

Ainsi s'accroît la distance entre les débats parisiens qui font la une des journaux, et qui sont souvent considérés, partout ailleurs, comme une marque supplémentaire de l'entre-soi, et la dureté de la vie quotidienne des classes moyennes et populaires. Je le perçois souvent quand je retourne en Normandie ou quand je me retrouve en famille, parmi mes amis du Vexin, ou avec les commerçants et les artisans de ma région natale. Les uns et les autres évoquent de moins en moins la politique, tout simplement parce qu'elle a cessé de les intéresser, de les concerner.

Quant aux partis, ils n'ont pas trouvé la réponse à cette indifférence, bien au contraire ! Je n'ai pas toujours été aussi sévère pour notre système de gouvernement. Mais mon inquiétude grandit chaque jour.

Au milieu des tempêtes

Depuis 2022, un simulacre de stratégie de sortie de crise est néanmoins apparu : les réunions organisées par le président Macron. L'objet ? Rassembler autour de lui les différents chefs de partis afin de discuter des principaux enjeux français. La plus connue a eu lieu à Saint-Denis, pour tenter de retrouver un peu de stabilité politique, comme ce fut le cas après les législatives de 2024. Le problème ? Soit elles ne débouchent sur rien, soit elles laissent les Français de plus en plus perplexes.

Bien sûr, les extrêmes ne manquent pas de souffler sur les braises, et donnent une image plus dégradée, s'il est possible encore, de la vie institutionnelle.

Dans le monde où nous sommes, au milieu des crises que nous traversons, face aux difficultés industrielles, sociales, sanitaires qui ne reculent pas, les Français ont besoin d'entendre un langage de vérité et de constater que ces paroles sont suivies par des actes. C'est tout le contraire qui leur est proposé : des promesses lénifiantes et un immobilisme déprimant.

Pour ne rien arranger, les partis politiques sont aujourd'hui – à l'exception du Rassemblement national, que ses derniers succès électoraux ont opportunément renfloué financièrement, et dans une moindre mesure de La France insoumise pour les mêmes raisons – rattrapés par un appauvrissement qui n'est pas seulement pécuniaire. Quel mouvement a produit des idées nouvelles durant les années qui viennent de s'écouler ? À leur décharge, le caractère de plus en plus centralisé du pouvoir de décision, ainsi que la faible considération que le président Macron manifeste à leur égard, ne les ont guère aidés.

Sans employer les grands mots (la VIe République...), il conviendrait, comme dans d'autres démocraties, d'avoir une meilleure répartition des pouvoirs entre président, gouvernement, Parlement, leaders de partis et élus territoriaux. Les engagements concrets et immédiatement appliqués valent mieux que le pur cynisme. Mais notre culture monarchique ne favorise en rien les compromis réalistes sur les grands sujets.

Dans cette perspective, pour beaucoup – à l'exception du ministre de l'Intérieur Bruno Retailleau –, un mode de scrutin proportionnel se révélerait plus fécond que le scrutin majoritaire que nous connaissons aujourd'hui pour les élections législatives. Reste à savoir sur quel type de proportionnelle il est possible de s'accorder, car il en existe à peu près autant que de sortes de fromages dans l'Hexagone !

Ainsi, de primaires en primaires, de luttes claniques en coalitions électorales dévoyées, de petits calculs en ruptures de façade, les partis, théoriquement symboles de la démocratie, ont perdu beaucoup de leur crédit dans une France de plus en plus fracturée et confrontée à un monde plus hostile qu'autrefois.

Qui, parmi les nouveaux dirigeants qui ont récemment émergé, en a vraiment conscience ?

22.

L'Élysée et Bruxelles, une valse à deux temps

Crucifixion ou renaissance ?

C'est justement en temps de crise, surtout de crise internationale, que le président peut, chez nous, espérer rétablir son autorité. Il retrouve alors son rang, quelle que soit son impopularité, y compris lorsque la quasi-absence de projets gouvernementaux concrets rend difficilement compréhensible son action. Le chef de l'État continue ainsi à bénéficier d'une véritable crédibilité alors même que le scepticisme triomphe sur le plan intérieur.

C'est encore plus vrai quand la guerre inquiète à nouveau l'opinion. Face à la « menace russe », Emmanuel Macron a su reconstruire l'esquisse d'une nouvelle unité de l'Europe, où même les dirigeants allergiques à Bruxelles (le Hongrois Orbán, l'Italienne Giorgia Meloni à ses débuts…) ont trouvé leur place. Ce contexte a permis au moins en partie de renouer avec l'héritage du Général que nous supposions perdu. L'influence française retrouvée en Europe, avec les Allemands et les Italiens notamment, symbolise cette nouvelle coopération intergouvernementale portée disparue ces dernières années.

Les nouveaux dangers renforcent les pouvoirs du président, seul détenteur de l'arme nucléaire. Même s'il surjoue un peu son rôle, les menaces s'accroissent de même que le dédain populiste américain.

Alors Emmanuel Macron peut-il échapper à la crucifixion qu'on lui promet tous les jours depuis la malheureuse dissolution ? L'enjeu est d'importance : sauver sa fin de règne.

Qui imagine le général de Gaulle courbant l'échine devant la Commission européenne ? Personne ! Et pour cause. Adepte de la politique de la chaise vide dans une union à six pour défendre les intérêts de nos agriculteurs, l'homme du 18 juin ne croyait qu'en la souveraineté de la France et en l'avenir du couple franco-allemand.

Le miracle, c'est que l'aventure européenne ayant fait la preuve de sa capacité de résilience reste plus que jamais d'actualité.

Il convient cependant de se garder de tout anachronisme. En cinquante ans, les institutions européennes ont pris un poids qu'elles n'avaient pas dans les années 1960-1970. Toutefois, deux événements récents donnent une idée du rétrécissement de l'influence de notre pays à Bruxelles. Plus la présidence française s'effrite, plus l'Union européenne se renforce et s'élargit. Le mouvement européen va dans le sens de l'Histoire. En revanche, la dilapidation par la France de son crédit européen n'était pas écrite d'avance.

Pour modifier sensiblement un rapport de force, il faut être deux. Et même trois dans le cas qui nous occupe. Longtemps, il n'était pas imaginable qu'un ou un(e) président(e) de la Commission européenne tienne tête à un président français, jusqu'à lui faire mordre la poussière. C'est pourtant ce qui s'est produit le lundi 16 septembre 2024.

En début de matinée, ce jour-là, le roué commissaire européen Thierry Breton fait état de sa « démission avec effet immédiat » d'une manière très originale. Vice-président chargé du marché intérieur, donc de la souveraineté technologique de l'Europe, de la cybersécurité, de la régulation du numérique et de biens d'autres choses encore, c'est un acteur très puissant à Bruxelles, si puissant qu'il incommode la présidente Ursula von der Leyen, fâchée par les insolences à répétition qu'il lui inflige. Il publie donc sur les réseaux sociaux l'image d'un cadre vide assorti de cette légende : « Mon portrait officiel dans la nouvelle Commission européenne. » Il y reproduit aussi sa lettre de démission particulièrement accusatoire : « Il y a quelques jours, dans la toute dernière ligne droite des négociations sur la composition du futur collège, vous avez demandé à la France de retirer mon nom – pour des raisons personnelles qu'en aucun cas vous n'avez discuté avec moi », écrit-il, évoquant au détour d'une phrase une « gouvernance douteuse ».

Quelques instants plus tard, l'Élysée annonce la nomination comme commissaire européen, pour la France, de Stéphane Séjourné, protégé de longue date du président, que le nouveau Premier ministre Michel Barnier ne voulait pas reconduire comme ministre des Affaires étrangères.

Que s'est-il passé ?

Les premiers commentaires y voient une manœuvre du chef de l'État pour recaser un copain, et un petit arrangement « gagnant-gagnant » entre la présidence française et Ursula von der Leyen : cette dernière est débarrassée d'un gêneur, en l'espèce Thierry Breton, et accueille bien volontiers Stéphane Séjourné, un personnage qu'elle juge suffisamment réservé pour ne pas lui faire d'ombre.

Cette interprétation n'est pas fausse, mais elle est insuffisante. Jamais la présidente de la Commission européenne n'aurait osé défier la France, l'autre grand pays fondateur de l'Union avec l'Allemagne, si elle n'était pas convaincue de l'affaiblissement de l'exécutif français, à la fois sur un plan intérieur et dans une dimension internationale.

Une provocation

Quelques mois plus tard, Ursula von der Leyen se rend en Uruguay pour finaliser l'accord commercial avec le Mercosur, accord contre lequel la France fait ouvertement et même bruyamment campagne. Elle n'a prévenu personne, en tout cas pas l'Élysée, de cette initiative, qui est indéniablement un affront fait à Emmanuel Macron. Elle le fait précisément au moment où la France n'a plus de gouvernement et où Michel Barnier, répertorié comme le meilleur négociateur européen, est contraint de quitter Matignon. Elle ne l'aura plus dans les jambes et s'en félicite.

Elle sait par ailleurs que, sur le Mercosur, la position de la France depuis trente ans a toujours été la même : non, non et non. Notre pays, au nom de la défense de son agriculture, a pris la tête depuis longtemps de la fronde contre ce Marché commun du Sud.

C'est une vieille histoire, dont j'ai vécu les premiers épisodes aux côtés de Jacques Delors en 1994. Je me souviens ainsi d'une des dernières réunions de la Commission, qu'il a présidée en très forte opposition avec son vice-président, l'Espagnol Manuel Marín, ainsi qu'avec le commissaire européen au commerce Leon Brittan, qui suivait le commerce extérieur. Objet de la querelle : l'opportunité que la Commission aille ou non signer un traité avec les pays du Mercosur, notamment l'Uruguay et l'Argentine. Jacques Delors, sous la pression des autorités françaises, s'est opposé très fermement jusqu'à la fin de son mandat à tout accord commercial signé avec ces pays.

Cette opposition a laissé une trace importante dans la mémoire de la Commission, où l'on sait que la France mène la fronde contre ce traité, quels que soient le nombre et le poids de ses alliés, quelle que soit la position de la Pologne ou de l'Italie. Sa présidente, l'Allemande Ursula von der Leyen, ne peut ignorer qu'il s'agit d'un des enjeux politiques les plus importants entre la France et les instances européennes depuis trois décennies. Elle s'en empare donc au moment où le rapport de force lui apparaît le plus favorable.

Quelques jours passent. Le samedi 7 décembre 2024, la présidente de la Commission est l'absente remarquée de la cérémonie de réouverture de Notre-Dame. Sa présence avait pourtant été annoncée, au milieu de dizaines d'autres personnalités, dont Donald Trump et Volodymyr Zelensky. Le soir même de la célébration, les spéculations couraient bon train sur cette chaise vide, révélatrice du froid polaire qui caractérise désormais sa relation avec le président français.

Emmanuel Macron ne peut que se sentir doublement humilié par l'attitude d'Ursula von der Leyen. Celle qui relègue la France au rang de figurant du théâtre européen en se rendant à Montevideo, en pleine crise politique française, lui doit sa nomination initiale, en 2019, alors qu'elle était loin d'être favorite au poste prestigieux occupé par Jacques Delors trente ans auparavant. Ce n'est plus de l'ingratitude, c'est une forme de provocation.

Domination allemande

Pourrait-on voir une symétrie entre l'attitude de Delors défendant dans les années 1990 les intérêts de l'agriculture française et celle de l'ancienne ministre d'Angela Merkel soucieuse de l'avenir ?

Il existe toutefois une différence notable : à Bruxelles beaucoup d'europhiles s'étonnent, voire s'indignent, du nombre disproportionné de représentants allemands dans les cabinets des commissaires européens. Une surreprésentation qui évoque une forme de népotisme cocardier et qui n'existait pas, j'en témoigne, avec les représentants français quand Jacques Delors présidait la Commission européenne. Il se souciait ainsi de l'équilibre des nationalités dans son cabinet. « Vous regardez ça, Jean-Pierre », me disait-il, m'obligeant à dresser des tableaux qui faisaient hélas apparaître – déjà – la discrète efficacité de nos amis allemands. Il reste que, plus l'exécutif en France est paralysé, plus le microcosme de Bruxelles impose ses vues. Il est vrai que la France a toujours eu du mal à conjuguer sa souveraineté avec une Europe de plus en plus présente, notamment à travers ses directives transposées (parfois même surtransposées) par nos lois et décrets. Pour ne rien arranger, nombre de responsables politiques trouvent commode de faire porter à Bruxelles la responsabilité des réformes. Ce fut le cas avec celle des retraites. Du Rassemblement national à La France insoumise, toutes les oppositions nationalistes ont répété sur tous les tons que l'Europe exigeait depuis 2013 de profondes transformations de notre système.

Or, il s'agit d'une recommandation qui n'est pas contraignante, et s'exerce dans le cadre d'une coordination économique entre États membres, approuvée par tous nos partenaires au sein de l'Union.

Mais François Hollande – quand a été lancée la réforme Touraine, première tentative de réforme des retraites – comme Emmanuel Macron se sont bien gardés de rectifier. Pas une fois je n'ai entendu l'un ou l'autre rétorquer à l'opposition que Bruxelles n'y était pour rien ! Ils ont tous les deux laissé l'ambiguïté planer pour se décharger d'une partie de la responsabilité.

Dans ce domaine, la capacité d'influence du président subsiste malgré les vicissitudes de la politique intérieure. Et ce, d'autant qu'il existe une continuité dans l'action avec le prédécesseur. C'est Valéry Giscard d'Estaing sur le plan économique puis François Mitterrand sur les aspects stratégiques qui ont réussi à arrimer l'Europe au couple franco-allemand, le premier avec Helmut Schmidt, le second avec Helmut Kohl.

À partir de 2008, les crises se sont succédé en Europe. La présidence française de l'Union européenne, que j'ai gérée à l'époque, a connu le « non » irlandais au traité de Lisbonne, la guerre entre la Russie et la Géorgie, ainsi que la très grave crise financière et bancaire de 2008. Tout cela sur fond d'enjeux qui n'ont pas disparu aujourd'hui : pacte sur l'immigration, politique environnementale harmonisée. Nicolas Sarkozy, alors à l'Élysée, a réussi avec l'Anglais Gordon Brown, en rassemblant Allemands, Britanniques et autres États membres, à sauver in extremis le système bancaire et à éviter un krach comparable à celui de 1929.

Reconnaissons toutefois que les effets de cette crise se sont révélés plus persistants qu'escompté, affaiblissant durablement l'Europe et l'euro.

Toutes les actions menées pour conjurer le pire ont vu le jour au prix d'un agacement mutuel entre Angela Merkel et Nicolas Sarkozy jusqu'à la fin de 2008, surtout lors de la tempête financière. Le président français voulait être présent partout, assistant même, à la différence de tous les autres chefs d'État et de gouvernement, au conseil des ministres de la zone euro. Lorsque je lui en fis la réflexion, il me répondit que je n'étais rien d'autre qu'un Européen conservateur ! Aucune innovation ne devait être interdite, donc...

Angela Merkel, quant à elle, ne voulait pas dépenser un centime de plus pour le budget de l'Europe, quel que soit le retentissement du désordre financier qui régnait alors. Elle se montrait toutefois plus ouverte sur un grand emprunt pour financer l'innovation. Déjà !

Durant cette période, Nicolas Sarkozy a consacré, avec le concours de Jean-Louis Borloo à l'Écologie, et de François Fillon à Matignon, toute son énergie à deux projets : un paquet « énergie-climat », et un autre sur l'immigration. Contrairement à ce que nous pourrions croire aujourd'hui, l'accord sur l'écologie a été plus difficile à trouver, plus long à négocier (six mois), alors que le pacte sur l'immigration n'a fait l'objet d'aucune contestation lors de sa conclusion en octobre 2008, prévoyant qu'« en principe » les immigrés illégaux devaient retourner dans leur pays d'origine et que les frontières de Schengen devaient être contrôlées.

J'ai assisté durant cette période à tous les conseils de chefs d'État et de gouvernement. J'ai été très surpris de constater que ces deux enjeux deviendraient, quatorze ans plus tard, les priorités de la présidence française d'Emmanuel Macron. Preuve qu'en dépit d'une volonté politique, l'Europe ne parvient pas, au gré des directives, à appliquer ses propres principes et que le manque d'incarnation des élus européens constitue un handicap pour rapprocher les institutions des citoyens du continent.

Nicolas Sarkozy a préservé l'Europe d'un cataclysme financier né aux États-Unis et ce n'est pas rien. Mais il n'a pu empêcher, en fin de mandat, ni la dégradation de la note de la France par les agences financières internationales, ni la forte aggravation de la dette et des déficits... Encore et toujours !

La défense de l'Ukraine, déjà !

François Hollande, après avoir hérité d'une situation dégradée, est parvenu, en cinq ans, contrairement aux idées reçues qu'a suscitées son mandat, à ramener le déficit budgétaire en deçà des 3 % fixés par le traité de Maastricht. À son arrivée, son attention est immédiatement accaparée par le règlement d'une nouvelle crise que traverse l'euro. Un fonds de stabilité financière est créé pour secourir les pays en difficulté, mais il est sans effet sur la situation de la Grèce au bord de la faillite. D'autres pays, comme l'Espagne, le Portugal ou encore l'Irlande, risquent alors de suivre cette pente dangereuse.

Juste après son élection, le nouveau président obtient du Conseil européen[1] que le traité sur la stabilité financière, qui a donné naissance au fonds du même nom, soit complété par l'adoption d'un pacte pour la croissance et l'emploi, pour un montant équivalent à 1 % du PIB européen, soit 150 milliards d'euros. Comme d'habitude, Angela Merkel commence par s'y opposer, avant de comprendre que le pronostic vital de l'euro est engagé. Tout en rappelant l'importance des règles budgétaires européennes, elle accepte, sous l'amicale pression du président français, de nouvelles régulations financières permettant une meilleure garantie des dépôts, grâce à une supervision européenne unique. Ainsi pouvait donc s'établir une véritable solidarité économique et

1. Qui réunit les chefs d'État et de gouvernement des pays membres.

financière au sein de la zone euro, jusque-là refusée par l'Allemagne et les Pays-Bas.

Dès lors, grâce à l'action de François Hollande, la Banque centrale européenne (BCE) ne ménage pas ses efforts pour soutenir l'euro. Grâce à cette action, et à la baisse des taux d'intérêt qui a suivi, les pays européens, à l'exception de la Grèce, ont échappé fin 2012 à une grave crise de financement, comparable à celle de 2008.

L'heure de vérité arrive, en juillet 2015. À l'issue d'un important travail fourni par le secrétaire général de l'Élysée et le conseiller diplomatique Philippe Léglise-Costa, grâce à de multiples contacts avec nos correspondants grecs, François Hollande obtient de l'Union européenne un plan d'aide considérable : 80 milliards d'euros au profit de la Grèce ! Il a maintenu un dialogue constant avec Aléxis Tsípras, alors Premier ministre grec et négociateur souvent insupportable, afin de le conduire à mener les réformes nécessaires pour éviter un « Grexit ». Angela ne s'y est pas opposée. Elle a compris, contrairement à certains de ses ministres, que sauver la Grèce, c'était permettre à l'Europe de rester en vie.

François Hollande, et cela ne sera jamais assez souligné, a également été le premier chef d'État à mesurer les risques d'invasion russe en Ukraine. Et cela, alors même qu'une grande partie de la droite et de la gauche révérait encore Poutine !

Avec Angela Merkel encore, il impose à Minsk en février 2015 un cessez-le-feu en Ukraine, tandis que l'armée russe et les forces séparatistes envahissent le Donbass. Au terme d'une nuit entière de négociations, Vladimir Poutine finit par reconnaître l'intégrité de l'Ukraine en contrepartie d'une certaine autonomie des régions russophones. Cet accord subsistera jusqu'à l'agression russe de février 2022.

Enfin, François réussit avec l'aide de son ministre des Affaires étrangères Laurent Fabius à unir toute l'Europe dans l'accord historique de la COP 21. Pour la première fois, l'ampleur du dérèglement climatique est reconnue ainsi que la responsabilité humaine qui en est la cause.

Sans vouloir le montrer d'aucune manière, Emmanuel Macron s'inscrit pendant son premier quinquennat dans les pas de François Hollande. Il poursuit la collaboration avec Angela Merkel, s'accorde avec elle sur le choix des responsables au sein de l'Union : Ursula von der Leyen à la tête de la Commission ; Christine Lagarde à la BCE.

Paris et Berlin trouvent un terrain d'entente pour lancer un grand emprunt européen émis pour la première fois par la Commission afin d'aider les États membres à préserver leurs économies face à l'épidémie de Covid-19.

De même, après quelques hésitations, le président français sait en 2022 placer au niveau européen les sanctions contre la Russie et ses avoirs.

En dépit du Brexit, qu'il a négocié fermement avec l'aide de Michel Barnier, il a pu maintenir des liens étroits avec les Britanniques, notamment dans le cadre des accords militaires de Lancaster ainsi que dans le soutien à l'industrie nucléaire. Les rencontres avec Theresa May, auxquelles j'ai participé comme ambassadeur de France à Londres, tant dans le Kent qu'à Brégançon, ont toujours été aussi utiles que courtoises.

Mais tout cela, c'était avant. Avant qu'Emmanuel Macron ne voie son influence menacée après une présidence de l'Union européenne réussie en 2022. À ce rétrécissement de sa capacité d'action au lendemain de la désastreuse dissolution, plusieurs raisons : ses relations difficiles avec Olaf Scholtz, qui ont mis la coopération franco-allemande au point mort pendant près de deux ans ; sa défense du « quoi qu'il en coûte » ; la difficulté à mettre sur pied une véritable Europe de la défense, au moins jusqu'au lâchage de l'Ukraine par les États-Unis, fin février 2025. Son allusion à l'envoi de troupes européennes sur le théâtre des opérations sans consultation de ses homologues, en mars 2024, n'arrangea pas les choses.

Pendant que la France patauge entre dissolution et censure, ses voisins continuent d'avancer. Emmanuel Macron ne peut que le constater et, sûrement, s'en désoler. Aussi, afin de se relancer auprès des autres dirigeants européens avant l'installation de la nouvelle Commission, toujours présidée par Ursula von der Leyen, a-t-il lancé à Berlin en octobre 2024 un avertissement solennel sur le risque d'effacement de l'Europe face aux États-Unis et à la Chine. Selon lui, la construction de l'Europe est désormais dépassée, parce que celle-ci est surrégulée sans investir assez dans la transition écologique, la défense et la sécurité. Il assure que l'Union, menacée de disparition, doit répondre à un défi existentiel. La suite des événements ne lui a pas donné tort.

Pour être optimiste, observons que les relations avec l'Allemagne du chancelier Merz se sont bien améliorées, que les contacts avec les autorités britanniques deviennent très fréquents en matière de défense mais aussi sur bien d'autres enjeux européens, que l'influence croissante de l'Italie de Giorgia Meloni est enfin reconnue comme le montre la visite du président à Rome en juin 2025.

23.

La conférence de presse, rituel présidentiel

Le président dispose donc de l'essentiel des pouvoirs. Les réformes passent par lui. Il est pratiquement le seul à nommer les responsables. Aurait-il tous les pouvoirs ? En réalité… pas tout à fait. Il en est un qui un temps lui a résisté : celui des médias. Un constat d'abord : depuis le Général, la communication avec les Français a toujours été une priorité. Et son élément permanent, son épreuve reine, de Charles de Gaulle à Emmanuel Macron, est la conférence de presse. Son caractère solennel, le plus souvent sous les ors de l'Élysée, ne s'est jamais démenti à travers les décennies. Il en reste, dans la mémoire collective, quelques formules chocs (on dirait aujourd'hui des « *punchlines* ») telles que « Croit-on qu'à soixante-sept ans, je vais commencer une carrière de dictateur ? », prononcée par de Gaulle lors de son retour aux affaires, en 1958, devant environ 500 journalistes[1]. Quelques années plus tard, interrogé sur son état de santé, le Général répond : « Je ne vais pas mal,

1. Conférence de presse du général de Gaulle au palais d'Orsay, à Paris, le 19 mai 1958.

mais rassurez-vous, un jour, je ne manquerai pas de mourir[1]. »

Quand, après sa mise en ballottage à l'élection présidentielle de 1965, ses conseillers l'exhortent à parler aux Français d'une manière plus familière qu'à l'accoutumée, afin de jouer la carte de la proximité, de Gaulle répond drôlement : « Vous voudriez que je m'adresse aux Français en pyjama ! » Nul doute que de nos jours, certains ambitieux n'hésiteraient pas à arborer cette tenue si elle leur permettait de gagner quelques points dans les sondages !

Georges Pompidou se refuse lui aussi à toute forme de fausse familiarité. Il marque fortement les esprits lors d'une conférence de presse, en 1969, alors qu'il vient d'être élu. Interrogé par le rédacteur en chef de RMC Jean-Michel Royer sur le suicide de la professeure Gabrielle Russier, qui a bouleversé la France entière, le nouveau président de la République, visiblement ému par l'évocation de ce drame, commence par marquer un long silence, puis répond par ces quelques mots, entrecoupés de longs silences : « Je ne vous dirai pas tout ce que j'ai pensé d'ailleurs sur cette affaire. Ni même ce que j'ai fait. Quant à ce que j'ai ressenti, comme beaucoup, eh bien, comprenne qui voudra ! Moi, mon remords, ce fut la victime raisonnable au regard d'enfant perdu, celle qui ressemble aux morts qui sont morts pour être aimés. C'est de l'Éluard. Merci mesdames et messieurs. » Puis il se lève et quitte la salle des fêtes de l'Élysée. Par ces vers, qu'il reprend dans son *Anthologie*

1. Conférence de presse du général de Gaulle à l'Élysée, le 4 février 1965.

de la poésie française, le chef de l'État touche au cœur chacun d'entre nous, dont votre serviteur, alors âgé de quinze ans.

Par la suite, les conférences de presse frappent moins les esprits mais continuent de participer de la liturgie élyséenne. Jusqu'en 2008, tout chef de l'État qui se respecte essaie d'en tenir au moins une par an avec l'apparat voulu, notamment la présence du Premier ministre et du gouvernement au grand complet, ce qui donne, il faut bien l'avouer, une allure un peu de « défilé soviétique sur la place Rouge ». J'en connais assez bien les règles pour en avoir organisé.

En effet, cet exercice fait l'objet d'une préparation très méthodique par les conseillers du palais, qui résument sur des fiches toutes les questions possibles d'actualité nationale ou internationale, non sans avoir au préalable pris contact avec les différents ministères concernés. Le président, avec son conseiller ou sa conseillère en communication et le secrétaire général de l'Élysée, sélectionne les quelques messages qu'il souhaite faire passer en les « répétant » comme au théâtre, et en s'assurant auprès des communicants que les questions concernant ces thèmes seront bien posées par les journalistes. C'est ainsi que, sous François Hollande, nous travaillions ses conférences de presse avec Gaspard Gantzer, chargé de sa communication, et Bernard Poignant, un de ses proches conseillers politiques.

Toutefois, nous sentions déjà que la conférence de presse n'était plus le mode de communication le plus déterminant. Elle sert toujours, depuis Nicolas Sarkozy jusqu'à Emmanuel Macron, à donner de la chair au personnage du président au-delà de sa fonction. Elle a permis à Emmanuel de consacrer sa stature – « Jupiter » ! – au début de son premier quinquennat, alors qu'il n'était considéré que comme un jeune énarque exceptionnellement intelligent et séduisant, capable d'apporter du renouveau à la politique, mais dont on mesurait encore mal la capacité à incarner le personnage.

Si, à quelques exceptions près, les conférences de presse ont vu leur écho et leur nécessité se réduire, c'est aussi parce que, depuis 1974, les Français apprennent à connaître leur futur président lors du débat qui se déroule entre les deux tours de l'élection présidentielle (sauf en 2002, quand Jacques Chirac a refusé un duel avec Jean-Marie Le Pen).

Outre les conférences de presse, les présidents disposent de toute une palette de vecteurs pour communiquer : les rencontres en tête-à-tête ou en petit comité avec les journalistes, dont raffolait François Mitterrand ; les allocutions télévisées ; les interviews savamment millimétrées avec des vedettes du journal de 20 heures ; les interventions spontanées, par exemple à l'issue d'un conseil européen.

Dans ce dernier registre, les mots les plus célèbres reviennent une fois encore à de Gaulle et à son « Vive le Québec libre », prononcé depuis Montréal. Cette citation historique, considérée comme spontanée mais aussi quelque peu maladroite diplomatiquement, reflétait en fait une pensée que le Général avait toujours en tête depuis 1958, selon Alain Peyrefitte.

François Mitterrand a également marqué toute la classe politico-médiatique avec une saillie inattendue : « Les pacifistes sont à l'Ouest et les SS-20 sont à l'Est », ce qui résumait assez bien les tenants et les aboutissants de la guerre froide dans les années 1980. Emmanuel Macron n'a pas démérité non plus avec ses « Gaulois réfractaires », ainsi portraiturés en marge d'un voyage officiel au Danemark au début de son premier quinquennat.

Toutefois, le président souhaite désormais s'extraire des figures imposées pour donner à ses propos un tour très solennel. Emmanuel Macron a ainsi prononcé une allocution télévisée mémorable au début de l'épidémie de Covid-19, avec son « Nous sommes en guerre » et le « quoi qu'il en coûte » qui connaîtra un grand avenir. Il a tenté de réitérer l'exercice pour annoncer la dissolution de l'Assemblée nationale, le 9 juin 2024. Avec moins de succès à l'évidence !

L'irruption des réseaux sociaux

À ces dispositifs classiques s'ajoutent depuis quelques années les réseaux sociaux, que les présidents utilisent surtout pour des prises de position ponctuelles, pour justifier ou corriger telle ou telle de leurs décisions. Emmanuel Macron est né avec la civilisation numérique. Il s'informe, dialogue ou communique donc sur TikTok ou sur X, tandis que ses communicants s'évertuent à chercher avant tout le monde le nouveau canal à la mode. C'est une manière d'établir le contact avec les Français, notamment les plus jeunes d'entre eux.

C'est ainsi que Gaspard Gantzer avait conseillé à François Hollande de s'exprimer publiquement sur quelques déclarations surprenantes d'Emmanuel Macron.

Fin décembre 2023, Emmanuel Macron prend la défense de Gérard Depardieu, mis en examen pour viols et agressions sexuelles. Il assure dans une émission de télévision que l'interprète de *Cyrano* et de *Danton* « est un immense acteur » qui « rend fière la France ». Il dénonce dans la même séquence ce qu'il considère comme une « chasse à l'homme ».

Dès le lendemain, François passe à l'offensive : il réagit vivement sur la matinale d'une radio. « Non, nous ne sommes pas fiers de Gérard Depardieu », dit-il, avant de regretter l'absence de mots pour « les femmes agressées, humiliées, [...] toutes ces femmes qui, au travers de Gérard Depardieu, voient chaque fois ce que peut être la violence, la domination, le mépris ». Il estime qu'il « était attendu du président de la République de parler des femmes, et pas simplement de dire que Gérard Depardieu était un grand acteur ». Et ne trouve à son successeur aucune circonstance atténuante : « Il a fait de cette cause la grande affaire de son quinquennat et voilà comment il traite la question de Gérard Depardieu ! »

Ce sermon ne passe pas inaperçu sur les réseaux sociaux.

Puis, fin février 2024, le président de la République affirme que l'envoi de troupes au sol en Ukraine ne pouvait être exclu, tout en défendant l'idée de maintenir vis-à-vis de Poutine une « ambiguïté stratégique ». Quelques jours plus tard, il reçoit ses deux prédécesseurs à l'Élysée. À la sortie de son entretien, François Hollande envoie un message à peine codé aux Français : « Ma position sur les questions militaires est : moins on en dit, mieux on agit. Il ne faut rien faire connaître à Poutine de nos intentions », dit-il devant les micros qui se tendent. « Ne pas dire ce que l'on fait, mais faire ce que l'on n'a pas dit. C'est ça qui permet d'avoir le plus d'efficacité. » Des propos en forme de critique envers son successeur qu'il reprend là encore sur les réseaux sociaux.

Début octobre 2024, deux jours avant l'anniversaire de l'attaque terroriste du 7 octobre, Emmanuel Macron se dit favorable à un arrêt des livraisons d'armes à Israël qui sont utilisées dans le conflit dans la bande de Gaza, et provoque un tollé. « Je ne suis pas sûr que la déclaration du chef de l'État la veille du 7 octobre était forcément la plus appropriée. D'autant que la France ne livre pas d'armes à Israël », réplique d'un ton débonnaire et féroce à la fois François, qui trouve dans tous ces réseaux un moyen de faire résonner sa différence.

C'est encore sur X, Facebook et autres TikTok que l'ancien chef de l'État annonce début novembre le lancement de son podcast mensuel, intitulé « Un président devrait écouter ça ». Le premier épisode était consacré aux États-Unis après l'élection de Donald Trump.

La course présidentielle a commencé et elle promet d'être riche en rebondissements.

24.

Notre royaume n'existe plus

Longtemps, le royaume de France, même dans sa version républicaine, était symbolisé par les orientations, les réformes voulues et programmées par le chef de l'État. De Gaulle s'impose au monde et à l'Europe. Pompidou modernise et amplifie les Trente Glorieuses. Giscard accouche d'une société plus ouverte. Mitterrand lance une politique de gauche respectueuse des droits de l'homme (avec l'abolition de la peine de mort), alliant décentralisation et intégration européenne. Chirac et Jospin accompagnent un nouveau siècle marqué par le défi écologique, de nouveaux droits sociaux, une liberté étendue pour les jeunes (avec la suppression du service national) et une nouvelle monnaie...

Quelles que soient nos sensibilités, la puissance politique imprégnait nos vies même si notre esprit critique, voltairien, demeurait l'inébranlable contre-pouvoir aux monarques de la République.

Mais en vingt ans, le royaume a éclaté. Il ne repose plus sur des règles financières stables. Il s'enlise dans une surbureaucratisation française et européenne. Il est écartelé par des positions politiques de plus en plus tranchées. Il n'est qu'à voir l'hémicycle de l'Assemblée nationale depuis 2022, et à observer le mauvais théâtre qui s'y joue, pour comprendre que le « cercle de la raison » est devenu minoritaire.

Ébranlée par des crises financières entre 2008 et 2012, puis par le terrorisme au milieu des années 2010, enfin par la crise sanitaire au début de la décennie suivante, la France se trouve à la fois minée par une crise de confiance et placée dans une situation de quasi-faillite. Tant qu'une certaine lucidité existe, nous parvenons à résister aux promesses des extrêmes. Cependant, aujourd'hui tout paraît possible en raison des engagements non tenus, dans un scénario immuable. Chaque année, le monarque nous assure que le redressement est pour demain ; chaque année, la Cour des comptes semble constater avec surprise que la situation s'est encore dégradée, ce dont nous sommes informés nous aussi avec un certain retard, pour ne pas dire un retard certain. Il en résulte un coût de plus en plus élevé du service de notre dette, qui deviendra cette année le premier poste de dépenses de l'État devant le budget… de l'Éducation nationale.

Ces manquements répétés sapent la confiance et nourrissent la polarisation des opinions, quand ce n'est pas un désintérêt, voire un « dégoût » pour la politique exprimé par 37 % des Français dans le baromètre de la confiance publié début 2025 par le Cevipof, organisme de recherche rattaché à Sciences Po Paris. L'inquiétude et les rancunes sont également des sentiments dominants dans notre royaume, où personne ne comprend plus les signaux contradictoires envoyés à ses sujets par le chef de l'État, qui s'est mis lui-même en situation de ne plus pouvoir imposer ses vues aux acteurs du système politique.

Les Français ont commencé l'année 2025 sans savoir quel montant d'impôt sur le revenu ils devraient acquitter, quels droits sociaux ils conserveraient, notamment en matière de santé, quels interlocuteurs administratifs ils pourraient contacter pour régler leurs multiples problèmes face à un État surproducteur de normes et de contraintes. Avec ses 2,5 millions de fonctionnaires, ses 450 agences qui emploient 400 000 personnes, il n'a pas de mal à alimenter le Moloch bureaucratique !

Et ce n'est peut-être qu'un début. Combien de temps pourrons-nous vivre ainsi, sans que des instances européennes ou internationales de contrôle nous imposent des réformes drastiques, bien plus douloureuses que celles qu'il aurait été possible de mettre en œuvre quand il était encore temps ? Sans parler même de la Commission européenne ou du FMI, les investisseurs qui achètent chaque jour notre dette ne se contenteront pas toujours d'augmenter les taux pour compenser leur risque. Or, plus de la moitié de la dette française est détenue par des créanciers étrangers, contre 47 % en Allemagne, 31 % au Royaume-Uni, 28 % en Italie, ou 14 % au Japon...

Nul besoin d'être docteur en économie internationale pour comprendre que cette situation pose un sérieux problème de souveraineté. L'Europe a découvert avec effroi, début 2025, ce qu'il en coûtait de vivre sous la protection d'un parapluie de défense américain qui pouvait à tout moment se refermer. Il n'est pas moins périlleux de dépendre de prêteurs étrangers, qu'il s'agisse d'opérateurs d'État, de fonds souverains ou d'acteurs privés, pour payer les fonctionnaires et faire fonctionner nos services publics. Mais c'est une donnée que tout le monde, gouvernants comme gouvernés, préfère laisser dans un angle mort.

Le réveil risque d'être brutal.

25.

Quand tout va mal, il reste... la politique en chansons

Heureusement, quand l'horizon s'obscurcit, quand les perspectives sont maussades ou incertaines, il reste les chansons.

La chanson française a toujours accompagné la politique. Et certains présidents ont mis en valeur des interprètes, qui le plus souvent les soutenaient politiquement. Ce ne fut pas le cas sous le règne du général de Gaulle, où bien des chanteurs s'opposèrent à lui avant de rallier, en Mai 68, la révolte sociale.

C'est Jean Ferrat, fidèle du Parti communiste, qui chante très harmonieusement « Ma France », qui fut un temps mon hymne préféré. C'est Léo Ferré qui fredonne ses sympathies anarchistes avec « C'est extra ». Brel, Brassens ou Barbara sont restés beaucoup plus neutres, même si beaucoup de leurs œuvres offrent une caricature de la société bourgeoise. Seules les plus jeunes générations, issues du « yéyé », ont affiché sans complexes leurs sympathies envers le Général, que ce soit Johnny Hallyday, Sylvie Vartan, Sheila, Claude François ou bien d'autres...

Autour de Georges Pompidou, c'est bien différent. Ce président attire un cercle amical artistique ou intellectuel éloigné de la politique. Ses proches s'appellent Guy Béart, Michèle Arnaud ou Serge Gainsbourg.

Nous ne retrouvons pas les mêmes entourages avec Valéry Giscard d'Estaing, qui bénéficie toutefois du soutien de jeunes chanteurs comme Gérard Lenormand et aussi d'accordéonistes, interprètes de l'instrument de musique favori du président. Toutefois, il n'y a pas sous le septennat giscardien les moindres retrouvailles artistiques ou culturelles à l'Élysée. Ce président s'attire même les foudres d'un chanteur populaire de droite, Michel Sardou, qui l'accable dans sa chanson « Le France ».

C'est tout le contraire avec François Mitterrand. Avec l'aide de son beau-frère Roger Hanin et de Jack Lang, il sait attirer de nombreux artistes, parmi lesquels les chanteuses Dalida ou Barbara. La libéralisation des ondes et de l'audiovisuel, le développement de l'aide financière au monde culturel, lui valent un très large soutien, y compris de la part des fantaisistes les plus critiques comme Coluche. En retour, le président a été un appui des plus actifs des Restos du Cœur. Je me souviens d'une réunion à l'Élysée, sous la direction de Ségolène Royal, alors conseillère du chef de l'État, consacrée à la mise en place d'un crédit d'impôt pour inciter les Français à soutenir financièrement cette œuvre.

Bien sûr, François Mitterrand n'a pas su plaire à tout le monde. L'humoriste Thierry Le Luron l'a beaucoup brocardé et a marqué les esprits en parodiant une célèbre chanson de Gilbert Bécaud, « L'important, c'est la rose... »

Jacques Chirac, comme Valéry Giscard d'Estaing avant lui, réussit moins à mobiliser le milieu artistique, malgré sa grande connaissance des arts premiers, comme en témoigne le musée parisien qui porte son nom. Seule parmi les grands interprètes, Nana Mouskouri s'est engagée auprès de lui, au point d'accepter d'être candidate UMP aux élections européennes. En revanche, du temps où j'appartenais au cabinet de Lionel Jospin, j'ai souvent vu Pierre Perret à Matignon.

Nicolas Sarkozy a su, lui, mobiliser des chanteurs populaires au premier rang desquels Johnny Hallyday, tandis que d'autres grandes vedettes de l'époque, tels Jean-Jacques Goldman ou Renaud, ont préféré rester neutres.

François Hollande s'est rapproché de l'univers artistique grâce à Julie Gayet, même si ses goûts naturels l'ont au départ porté vers Serge Reggiani. Nombre de soirées se sont déroulées aussi autour de Maxime Le Forestier et de Benjamin Biolay, tous deux présents pour fêter les soixante-dix ans de l'ex-président.

Pour sa part, Emmanuel Macron a toujours recherché la compagnie des acteurs. Catherine Frot, Fabrice Luchini, Guillaume Gallienne font partie de ses familiers. Il a aussi honoré la chanson française en présidant l'hommage national rendu à Johnny Hallyday et en décorant Michel Sardou.

Conclusion

L'essence de la Ve République réside dans la recherche d'une stabilité politique garantie par la puissance du chef. De cette situation doivent résulter prospérité économique, souveraineté stratégique et influence internationale. C'est pour cette raison que tous les responsables politiques se revendiquent aujourd'hui du Général.

Or, depuis le début du XXIe siècle, l'anxiété n'a cessé de croître, ainsi qu'en témoigne la multiplication des mouvements sociaux ou l'émergence de révoltes plus spontanées telles celles des Gilets jaunes ou des agriculteurs.

Par ailleurs, au cours de ma carrière, je ne me souviens pas d'avoir assisté à de véritables actes de puissance présidentielle ou de volonté souveraine. Ni politique de la chaise vide, ni nouvelle dynamique nucléaire, ni soutien industriel national, ni modernisation de l'agriculture, ni recherche d'une indépendance technologique ou diplomatique vis-à-vis des États-Unis. Seules exceptions : le refus de s'aligner sur Washington lors de la guerre contre l'Irak symbolisé par le célèbre discours de Dominique de Villepin à l'ONU et la lutte contre le terrorisme à la suite des attentats contre *Charlie Hebdo* et le Bataclan.

Nous avons perdu, et je l'ai vécu au début des années 2000, toute vision planificatrice pour préparer le monde de demain, qu'il s'agisse de l'indépendance énergétique avec le nucléaire, rejetée puis remise à l'honneur depuis 2022, ou de la maîtrise des technologies de l'information.

Dans d'autres domaines, les présidents n'ont pas su faire fructifier l'héritage gaullo-pompidolien et conserver des outils qui concouraient à leur lien avec les citoyens, telle la DATAR (Délégation interministérielle à l'aménagement du territoire et à l'action régionale) aujourd'hui disparue.

Cette nouvelle impuissance présidentielle est survenue au moment où la défiance, voire l'indifférence de nombreux Français à l'égard de la politique et de ses responsables s'accroissait dangereusement.

D'une organisation claire dans les choix proposés à la nation pour servir l'intérêt général, nous sommes tombés (ou retombés) dans des régimes de partis où les présidents ne parviennent plus à impulser une énergie collective et à guider le pays. Cette désagrégation de l'État, symbolisée par son éclatement en de multiples et coûteuses agences indépendantes et autres appendices administratifs, rend la décision politique illisible et son application concrète incertaine.

En tant que citoyens, nous sommes tous condamnés à nous adapter de plus en plus rapidement à un monde en perpétuel changement. À accepter des mobilités de travail, de résidence, et à subir des vies de plus en plus instables et différenciées : mais qui pourrait nous y aider ? Quelles règles faut-il approfondir ou supprimer pour rétablir un minimum de confiance dans ce pays ?

Chacun a bien conscience qu'une Europe forte serait à même d'enrayer le déclin et d'atténuer les turbulences, mais l'organisation de notre continent demeure encore à l'état d'ébauche quand il s'agit de répondre aux grands enjeux de notre temps. Dans l'esprit de nombreux Français, Bruxelles est davantage perçue comme une contrainte supplémentaire que comme un réel atout pour enrayer l'impuissance politique et protéger nos intérêts, y compris géostratégiques.

Composée d'États qui individuellement ne peuvent plus rivaliser avec la Chine, les États-Unis et surtout la Russie, l'Union doit se réinventer pour afficher un partage des pouvoirs clair aux yeux des responsables politiques nationaux, locaux, et par-dessus tout aux yeux des citoyens et – *last but not least* – des leaders de ces superpuissances eux-mêmes. Or, la Commission est composée de 27 membres, pour leur très grande majorité inconnus du grand public, y compris dans leur pays d'origine. Stéphane Séjourné, le commissaire français, en constitue le parfait exemple. Où sont les Monti, les Prodi, les Lamy, les Barnier ? Et les Timmermans, les Reynders ? Et les Vestager, les Delors, les Brittan, les Borrell ? Dans le même temps, la puissance politique du Conseil européen a aussi diminué sous la houlette du Belge Charles Michel et de ses prédécesseurs. Ce qui conduit à une seule incarnation, la présidente de la Commission Ursula von der Leyen qui, très autoritaire, concentre tous les pouvoirs, élimine les personnalités qui pourraient lui faire de l'ombre – ainsi a-t-elle évincé Thierry Breton et « oublié » de remercier Michel Barnier pour son travail sur le Brexit. Sa principale activité ? Nommer partout ses favoris, en majorité des Allemands.

C'est donc aussi l'influence et l'aura des institutions européennes qui ont été bousculées au moment même où celles-ci devraient jouer un rôle majeur, notamment pour compenser l'instabilité constatée en France. Malheureusement, nous n'avons plus d'horizon porteur d'optimisme et de progrès tels que le furent l'euro, le marché unique, la libre circulation des personnes, Erasmus ou Galileo...

L'Europe de la défense et celle du numérique, indispensables à l'exercice d'une souveraineté partagée, tardent à éclore. Alors que nous avons su coopérer avec Airbus et avec Ariane, nous risquons aujourd'hui de perdre notre capacité aéronautique et spatiale sur l'enjeu stratégique des satellites qui conditionnent les nouvelles filières numériques ou civiles.

Avec une puissance politique française plus soutenue, nous aurions pu développer davantage d'investissements communs avec leurs retombées en matière d'emploi et de fierté nationale. Mais nos responsables s'abritent derrière un mur bureaucratique pour justifier leurs renoncements.

Pourtant, notons que concernant la seule année 2024, trois lois d'urgence ont été votées : l'une sur l'organisation des Jeux olympiques, la deuxième sur la reconstruction de Notre-Dame pour respecter le délai de cinq ans souhaité par le président de la République, la troisième pour porter secours à Mayotte après les ravages du cyclone Chido.

Ces exemples suffisent à démontrer que « quand on veut, on peut ». Autrement dit, quand une volonté politique existe pour accélérer la concrétisation d'un engagement, pour coordonner des administrations aussi diverses que l'Intérieur, les Finances, les Affaires sociales, la Santé, l'Éducation, l'Écologie, le Sport et la Culture, nous y parvenons en promulguant des lois dites « spéciales ».

Alors, n'hésitons pas à y recourir davantage pour retrouver auprès des Françaises et des Français une influence politique à laquelle ils ne croient plus, sous peine de mettre en péril notre démocratie.

Jamais les incertitudes politiques, économiques, stratégiques n'ont été aussi élevées depuis 1945. Jamais l'instabilité gouvernementale, les luttes partisanes, l'incompréhension des débats au Parlement n'ont été aussi criantes, pas même durant la IVe République.

La fin du rétrécissement, celui qui accompagne l'impuissance publique, pourrait produire une forme de lassitude qui risquerait un jour de se transformer en situation prérévolutionnaire, tant les extrêmes à droite comme à gauche saisissent tous les prétextes pour souffler sur les braises du mécontentement.

Ce n'est pas la peur du peuple, la crainte d'un embrasement via les réseaux sociaux, qui doit conduire l'action publique, mais au contraire l'obsession de l'écoute, de l'efficacité et de l'autorité. Faute de quoi la France prend le risque d'une campagne présidentielle inédite, débouchant sur une incarnation forte sans présidence réelle.

Les Français ont longtemps manifesté, et manifestent encore, quoi qu'ils en disent, leur goût immodéré pour la monarchie républicaine, comme si le « président-soleil » était omnipotent. Ce fantasme d'un pouvoir fort, auquel on se sent autorisé à tout demander pour vivre, traverse le pays de De Gaulle à Macron. Mais n'est pas de Gaulle qui veut !

Remerciements

Au moment d'exprimer ma gratitude à ceux et celles qui ont, d'une façon ou d'une autre, permis à ce livre d'exister, je voudrais commencer par celui qui est à l'origine de toute cette extraordinaire aventure humaine, politique et éditoriale. Il s'agit bien sûr de François. François Hollande, mon ami de toujours, que ses talents ont amené jusqu'à la présidence de la République où il m'a donné l'occasion de servir l'État au plus haut niveau.

Dans un autre registre, je dois beaucoup à Sophie Coignard qui sait me parler et m'écouter avec une infinie patience depuis notre première rencontre. Elle me guide dans l'écriture et a contribué à construire ce livre sur lequel nous avons travaillé en artisans passionnés.

Mon éditeur, Alexandre Wickham, apporte sa culture politique et une touche d'ironie à nos travaux, sans ménager ses efforts. Qu'il en soit lui aussi remercié.

Enfin j'ai une pensée amicale pour l'assistante du département non-fiction d'Albin Michel, Patricia Picard, qui veille sur la forme et sur le fond à ce que le train reste sur les rails.

Je remercie enfin Gilles Haéri, président d'Albin Michel pour son soutien constant, et Francis Esménard pour ses paroles stimulantes et pour me faire toujours bon accueil lors des (trop) rares fois où nous nous sommes vus.

Table

DU MÊME AUTEUR

N'enterrez pas la France, avec Philippe Mabille, Robert Laffont, 2007.

Une présidence de crises, avec Sophie Coignard, Albin Michel, 2009.

Nous les avons tant aimés, ou la chanson d'une génération, Robert Laffont, 2010.

Ils ont fait la révolution sans le savoir, Albin Michel, 2016.

L'envers du décor, Albin Michel, 2020.

Notre vieux royaume, Albin Michel, 2022.

Est-ce bien nécessaire, monsieur le ministre ?, Albin Michel, 2023.

Composition Nord Compo
Impression CPI Bussière en août 2025
Éditions Albin Michel
22, rue Huyghens, 75014 Paris
www.albin-michel.fr
ISBN : 978-2-226-50197-4
N° d'édition : 27700/01 – N° d'impression : 2085270
Dépôt légal : septembre 2025
Imprimé en France